Eugen Drewermann

Der gefahrvolle Weg der Erlösung

W0094237

HERDER / SPEKTRUM

Band 4165

Das Buch

Zentral für das Denken Eugen Drewermanns: In der biblischen Tobit-Legende entdeckt der engagierte Theologe und Tiefenpsychologe die Botschaft des Urvertrauens und die Überwindung der Angst. Von dunklen Mächten und wundersamen Helfern erzählt diese Legende, der Eugen Drewermann nachgeht. „Eine Mahnung zum Leben mit all seinen Gefahren und eine Warnung vor einer Frömmigkeit seelenloser Erstarrung und traumloser Blindheit. Das Tobit-Buch ist notwendig, solange der Konflikt währt, der jede Religion durchzieht: der Konflikt zwischen Institution und Intuition, zwischen Starrheit und Wahrheit – zwischen dem Gott des Rechts und dem Gott der Liebe" (Eugen Drewermann).

Der Autor

Eugen Drewermann, geboren 1940 in Bergkamen, Studium der Philosophie, Theologie und Psychoanalyse, Dr. theol. Über 40 Buchpublikationen. Bei Herder u. a.: Worte für ein unentdecktes Land. In Herder / Spektrum: Die Spirale der Angst. Der Krieg und das Christentum (4003); Der tödliche Fortschritt. Von der Zerstörung der Erde und des Menschen im Erbe des Christentums (4032); Das Eigentliche ist unsichtbar. Der Kleine Prinz tiefenpsychologisch gedeutet (4068); Zeiten der Liebe (4091); Dein Name ist wie der Geschmack des Lebens. Tiefenpsychologische Deutung der Kindheitsgeschichte nach dem Lukasevangelium (4113).

Eugen Drewermann

Der gefahrvolle Weg der Erlösung

Die Tobit-Legende tiefenpsychologisch gedeutet

Herder

Freiburg · Basel · Wien

Alle Rechte vorbehalten – Printed in Germany
© Verlag Herder Freiburg im Breisgau 1985
Titel der Originalausgabe: Voller Erbarmen rettet er uns. Die Tobit-Legende
tiefenpsychologisch gedeutet
Herstellung: Freiburger Graphische Betriebe 1993
Umschlaggestaltung: Joseph Pölzelbauer
© Tobit: Die Bibel © der Übersetzung Verlag Herder Freiburg 1966
Umschlagmotiv: Ingritt Neuhaus
ISBN 3-451-04165-0

Vorwort

"Aber die Bibel ist kein Märchenbuch!" – dieser Einwand erschallt immer wieder, wenn jemand versucht, Texte des Alten und des Neuen Testaments tiefenpsychologisch auszulegen. Wie aber, wenn schon viel gewonnen wäre, wir vermöchten die Bibel so zu lesen, wie man heute die ewigen Träume der Menschheit, vornean die Mythen und die Märchen der Völker, tiefenpsychologisch zu lesen und zu verstehen vermag?

In der heute vorherrschenden Form der Bibelauslegung ist die Frage nach der historischen Wirklichkeit hinter den Texten so vorrangig geworden, daß die Frage nach der inneren Wirklichkeit in den Texten darüber fast verlorengegangen ist. Dabei hat gerade die Methode der historischen Kritik an der Bibel auf Schritt und Tritt feststellen müssen, wie unhistorisch die einzelnen Erzählungen der Bibel sind. Doch anstatt bestimmte Erzählungen als Mythen, Märchen, Sagen, Legenden o. ä. zu klassifizieren oder zu „entlarven", käme es vor allem darauf an, die Wahrheiten herauszuspüren, die sich *nur* in der Weise solcher „unhistorischen" Erzählungen mitteilen lassen, weil sie eine Gültigkeit nicht nur zu einer bestimmten historischen Zeit, sondern immer und allerorten beanspruchen. Dazu aber ist es unvermeidlich, die gesamte Lebenseinstellung in gerade der Weise zu ändern, wie es die Tiefenpsychologie in jeder Neurosebehandlung zu tun versucht: Nicht äußere, rational erfaßbare Wirklichkeit der Tatsachen und Fakten ist als das Wesentliche zu betrachten, vielmehr verdienen die inneren, unbewußten Wirkkräfte und Faktoren in den Tiefenschichten der menschlichen Psyche alle Aufmerksamkeit.

Haben die Personen des Tobit-Büchleins wirklich gelebt? Historisch gesehen gewiß nicht; tiefenpsychologisch aber leben sie in einem jeden Menschen, und diese Ebene der Wirklichkeit muß man verstehen, um den Ort zu betreten, an dem Gott den Menschen nahe ist. Vieles wird man dann lernen von der Ohnmacht der Angst und der Allmacht der Liebe, von dem Abgrund der Einsamkeit und dem Grund der Gemeinsamkeit, von menschlicher Verzweiflung und allmählicher Reifung; am meisten aber wird man erfahren von dem Schutz und der Begleitung Gottes auf allen unseren Wegen, und daraus wird die Gewißheit wachsen, die dem Tobit-Büchlein am wichtigsten ist: daß es keinen Gegensatz gibt zwischen Heil und Heilung, zwischen Theologie und Psychologie, zwischen dem Suchen nach Gott und der Sehnsucht nach wenigstens einem Menschen, in dessen Gegenwart das Leben sich aufhellt und weit wird.

Zu dieser Menschlichkeit des Glaubens gehört es, daß das Tobit-Büchlein den Mut aufbringt, etwas zu tun, das im Alten Testament weitgehend bekämpft wird: es scheut sich nicht, die Sprache der Märchen und der Träume aufzugreifen, um auf gültige Weise von Gott zu sprechen. Weder die jüdische noch die protestantische Bibelausgabe hat dieses Büchlein aufgenommen – einzig die katholische Kirche betrachtet es als eine „kanonische", vom Heiligen Geist inspirierte Schrift. Doch durchgeistigter und geistvoller wird man Gott nicht erfahren können, als indem man der Sprache lauscht, die Gott einem jeden Menschen unmittelbar ins Herz gelegt hat: der Sprache der Träume, der Dichtung und der Poesie.

Die Bibel ist kein „Märchen"-Buch? Sie ist ein Buch, das

lehrt, das ganze menschliche Leben mit den Augen Gottes als ein wunderbares Märchen zu betrachten, umstellt von Dämonen und begleitet von Engeln, erfühlt und erfüllt voller Wunden und Wunder, unheimlich und geheimnisvoll, eine Mahnung zum Leben mit all seinen Gefahren und eine Warnung vor einer Frömmigkeit seelenloser Erstarrung und traumloser Blindheit. Das Tobit-Büchlein ist ein notwendiges Buch, solange der Konflikt währt, der jede Religion durchzieht: der Konflikt zwischen Institution und Intuition, zwischen Starrheit und Wahrheit, zwischen Rechthaberei und Rechtschaffenheit – zwischen dem Gott des Rechts und dem Gott der Liebe. Vor mehr als 2000 Jahren in Israel entstanden, ist das Tobit-Büchlein mitten im Christentum geblieben, was es immer war: unzeitgemäß zu allen Zeiten und aktuell in jeder akuten Krise des Glaubens.

Inhalt

Gott heilt

Eine tiefenpsychologische Meditation

Von Eugen Drewermann

Das Tobit-Büchlein ist eine Legende[1]. Es *muß* eine Legende sein. Denn nur in dieser märchennahen, schwebenden Erzählform kann es die Wahrheit ausdrücken, die es dem Leser nahebringen möchte. Es spricht von eigentümlichen Gefahren, die in der uns vertrauten Welt von Raum und Zeit mit dem Verstand nicht wahrzunehmen sind und die es dennoch gibt – unheimlich, überraschend, widersinnig, wie ein geheimer Fluch vor Gott und allen Menschen. Um bis in diese Hintergründe unseres Lebens vorzudringen, bedarf es einer abgründigen Sprachform, die selbst die Grenzen der gewohnten äußeren Realität verläßt und sich nach innen zu den Schichten unserer Seele wendet, in denen jene Grundgefahren unseres Daseins angesiedelt sind, in ihnen schlummern ja zugleich auch die Organe, durch die der Mensch zu einer heilen Existenz zurückgeleitet werden kann. In diesen Tiefenzonen kann man nicht befehlen und erklären; jede Erklärung würde sich doch nur auf den Verstand beziehen; jeder Befehl riefe den Willen auf den Plan; und beide taugen nicht für Daseinskrisen, die gerade durch Verstand und guten Willen nicht mehr zu meistern sind, ja vielleicht überhaupt erst durch ihr Übermaß zustande kamen. Weil die Geschichte des Tobit-Büchleins von den Gefahren und Zerrissenheiten spricht, die sich ergeben, wenn wir *nur* gut und nur fromm leben möchten, deshalb muß es in Bildern reden, die in sich selber eine Lösung nicht verordnen, aber weisen können, die nichts befehlen, aber doch das Heil anbieten, indem sie wie von selbst zum Herzen reden und es zu seiner Wahrheit lenken. Was das Tobit-Büchlein zu sagen hat, kann man nur als Legende sagen[2].

I. Das Porträt eines Frommen im Alter

Auf den ersten Blick beschreibt die Geschichte von „Tobit" eine qualvolle Tragödie. Sie stellt derart krasse Extreme menschlichen Daseins einander gegenüber und zeigt den Menschen in einer solchen Widersprüchlichkeit, daß man an einer Lösung der geschilderten Konflikte schier verzweifeln muß. Zwar erwachsen gerade aus diesen Gegensätzen die außerordentliche psychologische Spannung und der hohe ästhetische Reiz des Tobit-Büchleins; aber welch ein Menschenleben verträgt es schon, wie eine Geigensaite angespannt zu werden, um darauf schließlich die höchsten und reinsten Töne hervorzuzaubern?[3]

a) Das Leben im Widerspruch und der Preis, den es kostet

Tobits Leben ist eine einzige ungeheure Anspannung. Wie nebenbei erfährt man (Tob 1,8; 2,15), daß Tobit als Waisenkind allein aufwachsen mußte. Gleichwohl hört man von all den seelischen Belastungen, den Einsamkeiten und Verlassenheiten eines solchen Schicksals nicht ein einziges Wort[4]. Die gesamte psychische Entwicklung Tobits tritt vollkommen zurück hinter der geistigen und religiösen Einsamkeit, in der er sein ganzes Leben lang gestanden hat. Sein persönliches Leben erscheint in der Erzählung wie etwas Unwesentliches vor dem einen wichtigen: daß er sich, im Widerspruch sogar zu seiner eigenen Sippe, als einziger an die Gebote „des Allerhöchsten" gehalten hat und „auf den Wegen der Redlichkeit und Gerechtigkeit" gewandelt ist (Tob 1, 3). Mit seinem Schicksal verkörpert Tobit die Idealgestalt eines „Gerechten", eines jüdischen Heiligen; und daher tritt auch in ihm selber subjektiv alles Private und Persönliche hinter dem religiösen Konflikt in den Hintergrund. Auf sich selbst, auf seine eigenen persönlichen Wünsche und Interessen, wird Tobit seit eh und je zu verzichten gelernt haben. Sein gesamtes Leben muß wie ein ununterbrochener Kampf gegen alle Menschen seiner Umgebung verlaufen sein. Völlig auf sich gestellt, war er es allein, der die Wahrheit Jerusalems, die Weisung des Gesetzes, die Lehren der Schrift befolgte. Seine Familienangehörigen kehrten, so lesen wir, der Überzeugung Israels den Rücken und beugten sich aus Menschenfurcht den Befehlen der Assyrer. Tobit allein hatte den Mut, für seinen Gott und seine Überzeugung einzutreten. Unbeirrbar, hart geworden, charakterfest und unbeugsam, scheute er keine Schwierigkeit und keine Einsamkeit, wenn es um das Bekenntnis und die Treue seines Glaubens ging; für ihn war nichts sonst wichtig, als das gewissenhaft zu tun, was in den Gesetzen Israels geschrieben stand. In seiner Einsamkeit und seiner Angst, in seinem Gottvertrauen und in seiner Gradheit verkörpert er in seiner Person die eigentliche, wirkliche Natur des ganzen Volkes Israel[5]. In seinem Schicksal lernt man daher etwas von der Größe und dem Stolz des ganzen Volkes Israel verstehen. Zugleich aber erfährt man darin auch etwas von einer stets vorhandenen Gefährdung Israels, von einer Möglichkeit, die so unheimlich und so unbeherrschbar ist, daß man dem Tobit-Büchlein ohne weiteres Glauben schenken darf, wenn es versichert, daß nur ein Engel Gottes von dieser Gefahr erlösen könne.

Wie wird ein Mensch geartet sein, der immer nur im Zwiespalt mit der ganzen Umwelt leben muß, der immerzu von dem Gefühl besessen wird, allein zu sein und gegen alle anderen zu stehen, der wohl davon überzeugt ist, selber das Rechte zu tun, der aber gerade deshalb alle Welt ringsum wissentlich und schuldhaft im Unrecht sehen muß? Niemand hält ein solches Leben durch, ohne nicht mindestens hin und wieder einen Anflug von geheimer Verachtung gegenüber anderen, von einer gewissen Vorwurfshaltung gegen die Menschen seiner Umgebung zu empfinden. Wenn auch verhalten, so kann man doch eine gewisse Selbstzufriedenheit mit der Erzählung nicht überhören, wenn Tobit mit Bitterkeit feststellt, daß sein gesamter Stamm Naftali vom Haus Jerusalem abgefallen sei, „obwohl dieses doch dazu auserwählt war, daß alle Stämme in ihm opfern sollten" (Tob 1, 4). Im Gegensatz dazu war es doch er, Tobit allein, der an den Festtagen nach der ewigen Satzung Israels zur Heiligen Stadt hinaufpilgerte (Tob 1, 6). Kann man noch deutlicher betonen, daß eigentlich alle so wie Tobit in Israel hätten sein und handeln müssen, daß er als Vorbild des ganzen Volkes zu betrachten sei? Und nun gesetzt, daß auch Tobit sich selbst ein Stück weit so empfunden hat – ließ sich dann noch vermeiden, daß in das Richtige seines Tuns untergründig auch ein gewisses Moment des Demonstrativen, des nach außen zur Schau getragenen Rechtverhaltens miteinfloß? Israels ganzes Selbstgefühl gründete ja in dem Bewußtsein, von Gott als ein Zeichen über die Völker gesetzt zu sein; man *sollte* auf Israel schauen; man sollte von ihm lernen können, was es heißt, als Mensch zu leben; Israel verstand sich selbst als sichtbare Alternative und mögliche Korrektur zu der Unmenschlichkeit und angstvollen Götzendienerei aller anderen Völker. Und in Israel war es unserer Erzählung nach nun wieder Tobit, der als einziger den Glauben und die Erwählung Israels lebte. Er trug die

Verpflichtung des Ewig-Richtigen; auf ihm ruhte der Glanz, vor Gott im Recht zu sein. Aber dazu gehörte es, jeden Tag und jeden Tag die Zähne zusammenzubeißen und sich gegen alle anderen zu stemmen.

Ist es vorstellbar, daß Tobit nicht mindestens in seinem Verhalten, wenn nicht auch in seinen Worten, den anderen vorgeworfen hat, daß sie aus Feigheit, aus Bequemlichkeit, aus charakterloser Menschenanpassung dem Glauben an Gott untreu geworden seien, daß er ihnen vorgehalten hat, *nicht* an ihm sich ein Beispiel zu nehmen, und daß er, je fruchtloser diese Vorhaltungen blieben, desto mehr in die Haltung einer verbitterten Rechtschaffenheit und einer vorwurfsvollen Starrheit gedrängt wurde? Zahlreiche Psalmen und Prophetentexte legen von den Gefühlen des Ressentiments und der Rachsucht Zeugnis ab, die sich der Frommen in Israel bemächtigen mußten, wenn sie für ihr kompromißloses Eintreten zugunsten des Rechts und der Väterüberlieferung nur schroffen Hohn und offene Ablehnung ernteten[6]. Wir lesen in der Erzählung von Tobit nichts von derartigen Stimmungen; aber das wird nicht bedeuten, daß es solche Gefühle in Tobit nicht gab; es wird vielmehr besagen, daß Tobit sogar diese Regungen des Hasses und der Menschenverachtung in sich meisterte und jedenfalls nicht nach außen dringen ließ. Nur: wieviel gehört dazu an innerer Überwindung und verborgenem Kampf gegen sich selbst?

b) Die Totenbestattung und das Leben zum Tode

Das ganze Leben Tobits war ein solcher Kampf, nicht nur gegen die anderen, sondern vor allem gegen sich selbst. Jeder Augenblick verlangte von ihm neue Anstrengung und neue Überwindung. Tobits unablässiges Bemühen war es nach der Darstellung des Tobit-Büchleins, die *Toten* auf den Straßen zu bestatten. Man muß sich in Anbetracht der psychischen Situation, in der Tobit sich befand, die Frage vorlegen, ob das Motiv der Totenbestattung nicht mehr darstellt als nur die Folge äußerer Gegebenheiten und pietätvoller Gesetzesvorschriften. Gewiß, es gab in Israel die Weisung, die Leiber der Verstorbenen nicht unbestattet zu lassen; und jeder in Israel kannte die Begebenheit aus der frühen Königszeit, als David während einer Dürre, um Gottes Zorn zu besänftigen, einige Nachfahren Sauls einer Blutschuld ihres Hauses wegen an die Giboniter auslieferte; diese töteten die Schuldigen auf einem heiligen Berge und ließen ihre Leichname dort liegen; die Dürre aber hörte nicht auf. Da spannte die Mutter zweier der Toten, so wird erzählt, Rizpa, die Tochter Ajas, Sackleinwand über dem Felsen und ließ nicht zu, daß die Tiere des Feldes bei Nacht und die Vögel des Himmels bei Tage die Leichname schändeten; David hörte davon, und er ließ daraufhin nicht nur die Toten bestatten, sondern auch die Gebeine Sauls und Jonatans in die Sippengruft überführen. Jetzt erst hörte die Dürre auf (2 Sam 21). „Nicht durch die Blutrache der Giboniter, sondern durch die Tat Rizpas, die bei den Leichen auf dem Felsen saß, und durch die von ihr bewirkte posthume Versöhnung zwischen dem Haus Sauls und dem Haus Davids läßt sich Gott versöhnen.“[7] Dies war die Weisheit Rizpas, der israelitischen Antigone. Daß die Erde verdirbt und das Leben verdorrt, wenn die Pietät vor den Toten schwindet, hat Israel nie ganz vergessen. Aber Tobit lebte in einer Zeit der Verbannung. Man war des eigenen Bodens entfremdet; man hatte keinen eigenen Grund und Boden mehr unter den Füßen, in dem man die Toten hätte beisetzen können; und fremdes Land galt als gottloses Land[8]. Seiner selbst entwurzelt, sah man buchstäblich keinen „Grund“ mehr, den Gottesgesetzen treu zu bleiben. Indem Tobit in fremder Erde die Toten des eigenen Volkes bestattet, legt er ein Zeugnis dafür ab, daß man in Gott dem eigenen Wesen auch gegen alle „Umwelt" die Treue halten kann. Nicht die Umgebung – was man selber vor Gott ist, soll in Tobits Leben entscheiden. Der Totendienst des Tobit ist daher wie nichts anderes ein Lebenszeugnis. Die eigenen Toten zu verleugnen, wie es die assyrischen Behörden unter Todesandrohung forderten, hieße zutiefst, sein innerstes Wesen zu vernichten und die eigene Identität auf tödliche Weise selber preiszugeben. Das Begräbnis in fremder Erde hält wenigstens die Erinnerung an die eigene Heimat und Herkunft wach und läßt die Forderung nach Rückkehr nicht verstummen.

Und dennoch scheint gerade diese Treue zu dem eigenen Wesen gegen alle Welt in Tobit selbst nicht ohne Spuren schwerer innerer Verletzungen zustande gekommen zu sein. Mag auch die Bestattung der Toten eine vornehme Pflicht des Gesetzes und ein besonderes Zeichen der Frömmigkeit dargestellt haben – die ständige Nähe Tobits zu den Toten, sein immer wieder betonter furchtloser Begräbnisdienst bleiben etwas Eigenartiges und vermitteln den Eindruck, als ob Tobit in merkwürdiger Weise von Totem angezogen würde, als ob es in ihm selber etwas gäbe, das ihn die Gegenwart von Toten förmlich suchen ließe. Freilich kann man Tobits häufiger Totendienste damit erklären, daß er eben der einzige ist, der sich seiner verstorbenen Landsleute annimmt; aber immer mehr verschmilzt doch seine Rechtschaffenheit und Frömmigkeit mit der Betonung dieses Dienstes. Von all seinen „Werken der Barmherzigkeit" (Tob 1, 16f.) trägt ihm nur dieses eine Anzeige und Verfolgung ein; einzig infolge der Totenbestattung seiner jüdischen Brüder gerät er in Todesgefahr und muß fliehen (Tob 1, 19). Kein Zweifel, Tobit läßt sich das Begräbnis der Toten von allen Gesetzesbestimmungen am meisten angelegen sein. Und vielleicht darf man annehmen, daß es dafür, zusätzlich zu den Gründen der Pietät, in ihm selbst noch ein besonderes Motiv gibt, das ihn zu dieser besonderen Art der Gesetzestreue bestimmt.

c) Die Zerstörung der Freude

Denn es könnte sein, daß Tobit gerade mit den Toten Israels sich auf das innigste verwandt fühlt. Lebt er denn nicht selber inmitten seiner „Brüder" scheinbar wie ein Toter? Ist er nicht der einzige, der sich in das scheinbar Unvermeidliche der Deportation partout nicht fügen will? Jedenfalls ist Tobit in der Fremde selber wie ein Baum in der Steppe[9], traurig und außerstande, im Land der Feinde seines Gottes und seines Volkes Wurzeln zu fassen. Und nicht nur äußerlich ist er gezwungen, wie im Todesland umherzugehen; auch innerlich wird ihn der nie endende Kampf bis an den Rand des Todes gebracht haben. Gerade Tobit, der als einziger das wahre Wesen seines Volkes nicht verleugnet, muß dafür Opfer bringen, die sein Leben innerlich wie äußerlich verschleißen. So mag es sein, daß er in den Toten auf den Plätzen der Assyrer etwas von sich selber wiederfindet. Indem er seine getöteten Brüder begräbt, wird Tobit zugleich all das, was an Menschlichem in ihm selber für das Bekenntnis der Treue hat abgetötet werden müssen, Gott anvertraut haben, um es ihm wie ein täglich schwerer werdendes Opfer zurückzugeben. All die verlorenen Stunden unbekümmerter Heiterkeit, all die uneingestandenen Wünsche nach menschlicher Nähe und Zugehörigkeit, die ermüdende Sehnsucht nach einem baldigen Ende des Kampfes, die zurückgehaltene Wut und der aufgespeicherte Zorn über die Verräter in seinem eigenen Volke – alle diese Gefühle hatten zu schweigen und mußten Tag für Tag getötet werden. Man wird sich vorzustellen haben, wie Tobits Existenz gefühlsmäßig erfriert, wie sie sich zusammenzieht und schließlich nur noch sein unbeugsamer Wille und sein glasklarer, konsequent denkender Verstand ihn am Leben erhalten. Aber nur noch aus dem Verstand und dem Willen zu leben, heißt das nicht wirklich, schon wie tot zu sein? Und es *ist* doch ein Opfer, das Tobit infolge seiner Glaubenstreue bringen muß und das ganz Israel im Laufe seiner mit Verfolgungen, Deportationen und Erniedrigungen so überladenen Geschichte immer wieder hat bringen müssen: es hat nie wie andere Völker friedlich neben und mit den anderen existieren können, daß es Gelegenheit gefunden hätte, seine weicheren, gemütvolleren Regungen zu entfalten; das einzige, was ihm zum Überleben menschlich blieb, war nur der Wille, das Gesetz zu halten, und der verstandesmäßige Entschluß, es auszulegen. So ist Tobits – und Israels – Charakter im Ja zu Gott unter dem Nein der Völker wie eine Statue aus einem Marmorblock herausgemeißelt worden. Und gerade das, was seine Größe ist, wird menschlich damit zu seiner gefahrvollsten Bedrohung.

Die Bedrohung liegt, wenn man es psychologisch ausdrückt, in dem Verlust der Seele, in dem Verlust der anima[10]. Tobit gerät unversehens in diese tödlichste, weil innerlichste aller Gefahren hinein, als sein Schicksal sich äußerlich für einen Augenblick lang zum Guten zu wenden scheint. Das war, als ein durch Vatermord herbeigeführter Machtwechsel auf dem assyrischen Königsthron (Tob 1,21) ihm, dem Verbannten, auf Fürsprache seines Neffen die Rückkehr nach Ninive in den Kreis seiner Familie erlaubte: zu seiner Frau Hanna, die ihm all die Jahre über zur Seite stand, und zu seinem Sohn Tobias. Gerade um diese Zeit seiner Rückkehr beging man das Pfingstfest, das Tobit diesmal besonders festlich begehen mochte. Wenigstens jetzt sah es so aus, als ob auch seinem Leben noch Glück und

Freude vergönnt sein dürften. Schon hatte Tobit sich zu Tisch gesetzt, schon wurden die schönsten Speisen aufgetragen, als Tobit sich, seiner Gewohnheit entsprechend, der Armen erinnerte und seinen Sohn Tobias ausschickte, zum Mahl zu laden, wen immer er finde. Doch Tobias kehrt mit der Meldung zurück, daß „einer aus unserem Geschlecht ... erdrosselt auf dem Markt" liege (Tob 2, 2). Tobit hat keinen Bissen vom Mahl angerührt, sondern sich sogleich bemüht, den Toten zu verstecken. Das Fest war für ihn, noch ehe es eigentlich begonnen hatte, beendet. Die Berührung mit dem unbekannten Toten hatte ihn unrein gemacht; Traurigkeit bemächtigte sich seiner, als er von dem Totenversteck zurückkehrte. Und während er voll Kummer sein Mahl aß, gedachte er der Schriftworte aus dem Buch des Propheten Amos: „Eure Feste sollen sich verkehren in Leid, all eure Freuden in Klagegesang" (Am 8, 10; Tob 2, 6). Für Tobit waren diese Worte wie eine endgültige Bestätigung, daß Gott ihm auch die letzte Freude nehmen werde, daß es sein Schicksal sein müsse, in Traurigkeit dahinzuleben, und daß er gerade dies verhärmte, freudlose Schicksal als notwendige Bedingung werde akzeptieren müssen, um Gott treu zu sein.

Tobit hat dem Tobit-Büchlein zufolge sogar in diese Preisgabe der Freude seines Glaubens eingewilligt. Am Abend, gleich nach Sonnenuntergang, ist er zu dem Versteck gegangen und hat den Toten beigesetzt. Es geschah das erste Mal, seit er nach Ninive zurückgekommen war, daß er wieder einen Toten begrub. Alle Nachbarn, die es merkten, sollen ihn ausgelacht und höhnend gesagt haben, er riskiere nur Kopf und Kragen und sei offenbar unbelehrbar (Tob 2, 8). Sie verstanden nichts und wollten nichts verstehen. Sie dachten einzig daran, ob jemand vor den Assyrern Angst hatte oder nicht; und wer vor den so mächtigen Assyrern keine Angst hatte, der mußte in ihren Augen verrückt geworden sein. Daß es Inhalte, Werte, Erfahrungen geben könnte, die sich als mächtiger erweisen mochten als die Macht der Angst vor den Assyrern, blieb ihrer Sichtweise vollkommen fremd. Und eben dies muß einen Mann wie Tobit zu einem Fremden inmitten seines eigenen Volkes gemacht haben. Dies muß für ihn das Bitterste gewesen sein: bei den eigenen Volks- und Glaubensangehörigen selbst in den elementarsten Anliegen der Religion, der Wahrheit, der inneren Überzeugung, nicht mehr verstanden zu werden. Wenn nicht die Worte des Propheten Amos schon zitiert worden wären, müßte man sich an die Klage des Jeremia erinnert fühlen: „Ich sitze nicht in der Fröhlichen Kreis, einsam sitze ich im Bann deiner Gewalt, denn du erfüllst mich mit Zorn" (Jer 15, 17).

Verbitterung und Einsamkeit scheinen fortan das Los Tobits zu bleiben. Und eigenartig: die ganze Zeit über erklärt er den anderen sein Tun mit keinem Wort; er unternimmt keinen Versuch, sich vor ihnen zu rechtfertigen. Der Abstand zu ihnen scheint einfachhin zu groß zu sein, als daß ihn Worte überbrücken könnten. Sooft auch Tobit vor sich selber sich auf das Gesetz beruft – den anderen gegenüber schweigt er. Sein Tun, scheint er zu denken, müßte in sich deutlich genug klarmachen, was zu tun ist; wird sogar dieses Tun mißdeutet, so hilft keine Erklärung mehr. Tobit, nach Ninive zurückgekehrt, ist mithin einsamer denn je.

In dieser Nacht, erzählt uns die Geschichte, geschah es, daß sich Tobit, unrein durch das Anfassen des Toten, einsam und müde an die Hofmauer des Hauses lehnte. Die Nacht muß warm gewesen sein, und es war noch nicht weit nach Sonnenuntergang; Tobit hatte das Kopftuch abgelegt; einzelne Vögel suchten noch nach ihren Nestern; da fiel der Kot von Sperlingen in Tobits Augen, und kein Arzt konnte ihr Erblinden aufhalten. Man braucht nicht viel Einfühlungsvermögen zu besitzen, um in diesem unheilbaren Augenleiden Tobits mehr zu sehen als einen ophthalmologischen Befund, um darin den symbolischen Ausdruck eines tieferen inneren Leidens wahrzunehmen[11]. Tobit, der sich sein Leben lang gegen die ganze Welt hat stemmen müssen, kann jetzt, am tiefsten Grund der Traurigkeit, die Welt als ganze nicht mehr sehen. Es ist buchstäblich die Unreinheit der ganzen Welt, ihr Wesensauswurf, der sogar einen Tobit am Ende die Augen verschließen läßt. Endlich braucht er nicht mehr mitanzusehen, was für ihn unerträglich ist. Endlich kann er ohne neuerliche Schuld übersehen, was ihn doch nur immer wieder, immer wieder quält. In Träumen, Märchen, Mythen sind Vögel oftmals Symbole von schnell und hoch daherfliegenden geistigen Gestalten[12]; greift man diese symbolische Bedeutung auf, so wären gerade die Gedanken, die religiösen Ideale Tobits die Ursache dafür, daß Tobits Augenlicht erblindet; sie wären es, die ihm die Welt ringsum wie einen Misthaufen „ins Auge fallen" ließen, so daß er sie nicht länger sehen will noch kann. Seine Erblindung wäre dann ein letzter, fast ohnmächtiger Protest gegen eine Umgebung, deren Treiben nicht zu ändern, aber auch nicht länger mehr mitanzusehen ist. – Es kann sein, daß man gegen diese Deutung einwendet, hier würden körperliche Leiden gar zu willkürlich als „innerlich" verstanden; aber wenn Tobits Augenleiden nur ein Augenleiden war, warum bedurfte es dann, wie das Tobit-Büchlein meint, schon eines Engels, ihn davon zu heilen? Ein Engel erscheint nur dem geistigen Auge; um dessen Krankheit also geht es; das Äußere ist nur ein Gleichnis.

d) Der Verlust der Seele und die aussichtslose
Frömmigkeit

Trotz allem aber ist Tobit noch immer nicht ans Ende seines Leidensweges angelangt. Noch eine Steigerung ist denkbar. Daß er die ganze Welt schon nicht mehr sehen kann, ist arg; noch ärger aber wäre es, wenn er sich selbst verachten müßte. Und gerade dahin führt es jetzt. Man kann ja nicht die ganze Welt ausblenden und auf gewissermaßen magische Weise beseitigen, ohne mit seiner eigenen Existenz sogleich in die Sackgasse der Selbstzerstörung zu geraten. So menschlich verstehbar die Erblindung Tobits auch ist und so unverschuldet sie in der Erzählung erscheint – sie führt Tobit doch an den Rand eines Abgrunds. Das Gefühl, das sich in seiner Erblindung ausspricht, ist erstmals absolut und total: die ganze Welt ist ihm restlos und endgültig zu einem Auswurf geworden. Alle Erfahrungen bisher haben Tobit zu dieser Einstellung gebracht und müssen ihn darin bestätigen. Gleichwohl hatte doch die Vielzahl all dieser Erfahrungen sich vor jenem Abend bei ihm niemals bis dahin eingegraben, daß er daraus ein endgültiges Urteil abzuleiten gewagt hätte. So aber ist es jetzt. Seit jenem Abend hat sich Tobits Weltsicht ganz und gar „verdunkelt" und verdüstert; er sieht buchstäblich jetzt vor lauter kotigem Morast die Welt nicht mehr; er ist von nun an außerstande, sie sich noch anders vorzustellen. Der Auswurf hat sein Augenlicht zerfressen – umgekehrt ausgedrückt: Tobit ist jetzt bereit, vorweg zu unterstellen, daß es ringsum doch nur das Eine, Schlechte, Ekelhafte, Stinkige zu sehen geben wird, ausnahmslos nur das Eine, was er all die Zeit ansehen mußte: Untreue und Verrat, Gewissenlosigkeit aus Angst, Gottlosigkeit in jeder Form, Scheinglücklichkeit und Oberflächlichkeit, gedankenloses Vegetieren aller, das Unvermögen, an der eigenen Entwurzelung und Wesenlosigkeit auch nur zu leiden, die blanke Absicht, jede religiöse Handlung schnöde zu mißdeuten, sie zu verhöhnen – und selbst drauflos zu leben wie das Vieh. Alles das war für Tobit sein ganzes Leben lang abscheulich und gemein. Aber nie war er vordem bereit, von vornherein vorauszusetzen, daß es *nur* so sein und bleiben könnte. In all seinen Bemühungen lebte doch unausgesprochen so etwas wie eine Hoffnung, daß die anderen durch sein Tun noch irgendwie erreichbar wären, daß sich vielleicht der eine oder andere, daß viele womöglich eines Tages zur Wahrheit zurückfinden und sich damit dem einsamen Tag Tobits anschließen würden. Diese verhaltene Hoffnung ist jetzt erstorben; geblieben ist nur die Dunkelheit der Augen, das Unvermögen, noch irgend etwas Positives wahrzunehmen. Dennoch kann selbst in dieser Hoffnungslosigkeit, in dieser wortwörtlichen „Aussichtslosigkeit" immer noch das Gefühl zu Hause sein, wenigstens mit Gott und mit sich selbst im reinen zu sein.

Aber auch dieser letzte Trost in Tobits Leben wird ihm alsbald zerstört. Die Weichen dazu sind bereits gestellt, indem das ganz und gar verdüsterte Weltbild des frommen Tobit nicht mehr imstande ist, noch Unterschiede wahrzunehmen. Seine Hoffnungslosigkeit und Resignation frißt in ihm weiter und verwandelt sich dort in Ressentiment, Verbitterung und Mißtrauen. Es bedarf jetzt wirklich nur noch eines äußeren banalen Anlasses, um Tobit, den gerechten und lauteren Tobit, ins Unrecht zu setzen. Und diesen Anlaß bietet eines Tages tragischerweise seine eigene Frau Hanna. Sie hat als einzige sein Leben der äußeren und inneren Isolation begleitet; sie hat alle Einsamkeiten, Schmähungen, Ängste und Sorgen mit ihm geteilt; sie hat dieselben Gebete gesprochen wie er; sie war die Gefährtin seiner Pilgerreisen und Opfer. Um wenigstens das Lebensnotwendigste zu verdienen, hat sie in der entstandenen Notlage Spinnarbeiten angenommen und bei der Ablieferung derselben ein Ziegenböckchen als Lohn erhalten. Als sie es jetzt heimbringt, hört Tobit das für ihn überraschende und unverhoffte Meckern der Ziege. Er hat nicht gesehen, mit wieviel Arbeit Hanna sich dieses Tier als Lohn verdient hat; er denkt vielmehr, sie müsse es in ihrer Not gestohlen haben. Vielleicht hat nun Tobit selber sich die Schuld an seiner Erblindung und an dem dadurch entstandenen Unglück gegeben; vielleicht hat er gerade deshalb sich doppelt verantwortlich dafür gefühlt, daß nur moralisch einwandfreie Maßnahmen getroffen werden dürften, um der wirtschaftlichen Notlage zu steuern; möglicherweise hat er selbst, um seiner Familie die Härte der Armut, die seine Erblindung heraufbeschwor, zu ersparen, von sich aus schon wieder und wieder überlegt, ob er nicht selber einfach einmal über seinen Schatten springen und zum Wohl seiner Familie ein relativ geringfügiges Unrecht begehen solle, und dabei sogar den Gedanken gehegt, daß ein solcher Schritt unter Umständen von ihm jetzt nach allem, was geschehen ist, geradezu als Vaterpflicht verlangt werde. Tobit wird solche an sich naheliegenden Erwägungen in seiner Redlichkeit weit von sich gewiesen haben; er wird sie wie eine Versuchung des Bösen betrachtet haben und um so entschlossener zum Weg einer prinzipiellen Unbescholtenheit zurückgekehrt sein. Nun aber, da er die Stimme des Böckleins hört, muß es ihm so vorkommen, als ob gerade das, was er sich selbst in aller Strenge untersagte, seinem ausdrücklichen Gebot zum Trotze doch geschehen sei, als ob mithin all sein Reden und Tun als widerlegt dastünde: Wie wird man denn jetzt von ihm reden? – „Da seht", wird man sagen, „den Tobit; er nagt inzwischen am Hungertuch und kann nicht leben, ohne sich seinen Mundvorrat zusammenzustehlen! Soweit also hat ihn seine Frömmigkeit gebracht! Wir haben es ja schon immer gesagt: es ist nicht möglich, die alten Gesetze zu befolgen; man muß sich eben dem Leben beugen und anpassen. Man kommt mit Prinzipien im Leben nicht weiter. Jetzt merkt er es selber." Ein gestohlenes Böckchen in seinem Hause – das wäre für Tobit der Zusammenbruch, die absolute Widerlegung alles dessen, wofür er sein ganzes Leben lang gelitten und gekämpft hat; ein gestohlenes Böckchen wäre gleichbedeutend mit der Anerkennung, daß die anderen doch recht hatten und seine Frömmigkeit ein Lebensirrtum war. Man kann verstehen, daß Tobit wegen des Böckchens außer sich gerät vor Wut, daß er krebsrot anläuft und seine Frau maßlos beschimpft und anschreit, daß er bebend vor Zorn verlangt, sie solle, koste es, was es wolle, auf der Stelle das Tier den Herrschaften zurückbringen, bei denen sie es gestohlen habe.

Aber das Böckchen ist nicht gestohlen, und Tobit hat aus Rechtlichkeit unrecht. Sein eigener Vorwurf fällt furchtbar auf ihn selbst zurück. Zum ersten Mal in seinem Leben ist Tobit im Unrecht, und zwar, das fühlt er, nicht in Form eines simplen Malheurs, sondern tief verwurzelt, von Grund auf. Tobit muß spüren, daß es stimmt, wenn seine Frau ihm vorhält: „Jetzt ist es offenkundig, wie es mit dir steht!" (Tob 2,14) Gerade so empfindet er es selber. In den mißtrauischen und ungerechten Vorwürfen gegen seine Frau zeigt sich wie in einer Karikatur, wohin es mit ihm selbst gekommen ist. Er wollte sein Leben lang nur Gott dienen; und jetzt ist er ein mißtrauischer Nörgelkopf und Misanthrop geworden; er hat sich jahraus, jahrein bemüht, den Weisungen des Gesetzes so genau wie möglich zu folgen; und jetzt muß er sich sagen, daß er in Wahrheit ein seniler, verkalkter, lebensfremder Prinzipienreiter geworden ist, der die Welt nicht mehr sieht, ein unerbittlicher, vertrockneter, gehässiger, liebloser und gemeiner Sturheitsfanatiker, der immer nur recht haben und behalten will, der nichts akzeptieren und gelten lassen kann – nicht einmal bei seiner eigenen Frau; daß er ein Mensch ist, der überall nur Schlechtes wittert und keinem auch nur etwas Gutes zutraut, ein Mensch womöglich, der sich einbildet, nur allein richtig und untadelig zu sein.

Alles, was bis dahin Tobit als wertvoll und gut kennengelernt hat, scheint mit einem Schlage in sein Gegenteil verkehrt zu sein und sich, statt einer Tugend, als ein Laster darzustellen, nicht, weil es in sich falsch wäre, aber weil er selber im Guten unmenschlich, im Leben für Gott unlebendig, im Dienst des Rechts herzlos und steinern geworden ist. Und dabei hat er es nur gut gemeint! Eine furchtbarere Heimsuchung kann es für einen Menschen nicht geben als diese Infragestellung aller Lebensinhalte, Werte, Ideale und Maßstäbe. Gewiß, Gott bleibt, wie er ist; Gott bleibt von dieser Umwertung ausgenommen. Aber was soll denn Tobit jetzt anderes tun, als Gott sein Leben zurückzugeben in einem Akt verzweifelten Glaubens? Er kann nur beteuern, daß er mit all seinen Mühen am Ende ist, daß er, der fromme Tobit, nicht besser ist als alle anderen mit ihren Sünden und Gottlosigkeiten, daß er nicht weiter weiß und nicht mehr leben kann noch möchte. „Besser ist es ja für mich zu sterben als zu leben" (Tob 3, 6); nur diese eine Bitte hat er noch an Gott, daß er das Leben von ihm nehme wie eine Last, die unerträglich ist. Ein bittereres Gefühl als dieses gibt es gar nicht: machen zu können, was man will, es sei doch falsch am Ende[13].

Tobit ist bis ins Herz getroffen; er ist lebendig tot; er ist vor Gott nicht mehr berechtigt, wie er ist. So kann er Gott nur bitten, ihn doch endlich zu beseitigen. Sein ganzes Leben wie vertan, sein guter Wille wie eine geheime Perversion, sein ganzes Streben wie umsonst, verkehrt und nutzlos – wozu dann noch das Leben? „Die Traurigkeit in mir ist tief", sagt Tobit (Tob 3, 6); es ist das Eingeständnis einer abgrundtiefen Depression, wie sie den Menschen nur dann überfällt, wenn er gezwungen ist, Bilanz zu machen, und wenn diese Bilanz gerade bei einem Leben, das bislang gefüllt und reich erschien, mit einem Mal armselig, überzogen und wie leergeplündert aussieht. Tobit möchte nur endlich Ruhe haben, er möchte „frei sein zu einer ewigen Stätte hin" (Tob 3, 6); er ist des Kämpfens müde; er möchte in der Traurigkeit, der Leere, der Nutzlosigkeit und der Verzweiflung umkommen und bittet Gott um seinen Tod wie um das letzte Geschenk seiner Gnade.

Tiefer kann kein Mensch sinken, als vor Gott in seinem Leid in die Verzweiflung zu geraten. Es ist die unheimlichste aller menschlichen Gefahren; und sie droht gerade diesem aufrechten und frommen Leben Tobits. Sie ist die Wesensherausforderung, die Kerngefährdung Israels: in aller Frömmigkeit, Rechtschaffenheit und Treue am Ende sich sagen lassen zu müssen, daß man nur selbstgerecht, lieblos, verschroben und gehässig geworden sei. Ehrlicher als in der Gestalt Tobits hat Israel die untergründige Gefahr seines eigenen Wesens nie geschildert, es könne im Willen zur Gerechtigkeit ungerecht werden und auf dem Weg des Lebens in eine innere Verhärtung und ausweglose Lebensstarre hineingeraten, aus der am Ende scheinbar wirklich nur der Tod zu erlösen vermag.

2. Die Verzweiflung der Jugend im Schatten starrer Altersfrömmigkeit

Gleichwohl beschreibt die Gestalt Tobits nur die eine Seite der Gefahr. In ihm verkörpert sich die mögliche Gefährdung, die einem Leben der Frömmigkeit *vom Ende her* droht. Tobit ist gewissermaßen die Altersgestalt dieser Gefahr. Zur Vollständigkeit des Bildes bedarf es einer Parallelgestalt, die in allen Zügen das umgekehrt symmetrische Gegenbild Tobits darstellt, um die gleiche Gefahr der Wesensversteinerung gerade des gläubigen Menschen vom anderen Ende her darzustellen. Als eine solche Parallelgestalt Tobits erscheint Sara, die Tochter Raguels, im persischen Ekbatana. Ist ein alter Mann, so ist Sara ein junges Mädchen; verliert Tobit am Ende eines Lebens der Frömmigkeit seine anima [14], seine weibliche Seelenhälfte, durch Mißtrauen und Selbstgerechtigkeit, so findet Sara *aufgrund ihrer Frömmigkeit* gar nicht erst ins Leben hinein und verliert ihren männlichen Seelenpartner, noch ehe sie ihn besitzt; die Verzweiflung Tobits im Alter geht zeitlich – und damit wesenhaft [15] – einher mit der Verzweiflung und Lebensunfähigkeit der Frömmigkeit Saras in der Jugend. Beide, Tobit wie Sara, gleichen und entsprechen einander wie die linke und die rechte Hand. Die Altersgefahr der Frömmigkeit besteht dieser Darstellung zufolge darin, daß sie in sich selbst verdirbt, die Jugendgefahr der Frömmigkeit hingegen bedroht das Leben mit Lebensuntüchtigkeit und Angst, noch bevor es überhaupt begonnen hat. Und so droht gerade der Versuch eines tugendhaften Lebens dem Alter die Jugend zu rauben und der Jugend den Mut zur Reifung zu nehmen; am Ende wie am Anfang steht die Frömmigkeit mithin in dem Verdacht der Lebensfremdheit, der Beziehungslosigkeit und der – wir würden heute sagen: rein neurotischen Idealbildung im Über-Ich. Beide, Tobit wie Sara, verkümmern in ihrer Tugendhaftigkeit an der Fähigkeit, zu lieben.

Denn als Unfähigkeit zur Liebe wird man Sara trauriges Schicksal wohl am einfachsten bezeichnen können. Siebenmal war sie Männern in die Ehe gegeben worden, aber siebenmal waren die Männer in der Brautnacht umgekommen. Ein böser Geist, Aschmodai mit Namen, hatte von ihr Besitz ergriffen und bewirkt, daß sie als Männerwürgerin verspottet und geächtet wurde (Tob 3, 9)[16]. Man versteht die Tragödie Saras und auch die Parallelität ihres Schicksals zu der Not Tobits erst richtig, wenn man den psychischen Gehalt ihrer Besessenheit betrachtet. Sara gilt als einziges Kind ihres Vaters (Tob 3, 10.15), den sie innig liebt und dem sie kein Leid zufügen möchte (Tob 3, 15). Gerade diese enge Bindung an ihren Vater Raguel aber scheint es zu sein, die sie unfähig macht, sich an einen anderen Mann zu binden. Das, was als Aschmodai mit der Macht eines Dämons in jeder Brautnacht über sie kommt, scheint gerade das zu sein, was unter anderen Vorzeichen als Tugendhaftigkeit und Sittenreinheit gepriesen und verstanden wird. Sie selber sagt von sich, sie habe „nie nach einem Mann verlangt" und sich „rein bewahrt von aller Begierde" (Tob 3, 14). Sie ahnt nicht, daß sie nach sieben Brautnächten gerade mit dem, was sie vor Gott als lobenswert hervorhebt, den Grund für die Macht des unheimlichen Dämons Aschmodai umschreibt. Wie denn soll sie bei der Einstellung einem Mann gestatten, mit ihr ehelich zu verkehren (Tob 3, 8), ohne ihn aus Angst und Abscheu zu vernichten? Die Art, wie sie die Männer tötet, wird man sich im Sinne der Phantasie von der *vagina dentata* bzw., nach „oben verlegt", von dem blut-saugerischen Vampir-Weib zu denken haben, wie es in den Mythen und Märchen von menschenfressenden Hexen oft berichtet wird[17]. Man kann ohne Zweifel den bösen Geist Aschmodai in der Sprache der Psychoanalyse als Elektra-komplex bezeichnen[18], als das psychische Arrangement einer übergroßen Bindung des Mädchens an seinen Vater nebst der damit verbundenen intensiven Abwehr jeder se-xuellen Regung, das Resultat aber zeigt sich in der vehe-menten Furcht und tödlichen Ablehnung gegenüber jeder männlichen Annäherung. Sara darf mit keinem Mann ver-kehren, denn der einzige Mann, den sie liebt, ist ihr Vater, und ihm gegenüber fallen sexuelle Regungen ganz und gar unter das Verbot des Inzests.

Dabei ist die Bindung Saras an ihren Vater offenbar durch-aus kein nur einseitiges Verhältnis. Wie wir später hören, bringt Raguel selbst jede Brautnacht seiner Tochter damit zu, seinem künftigen Schwiegersohn das Grab zu schaufeln (Tob 8, 10), als wenn er bereits sicher wüßte, daß auch die-ser sterben werde. Und in der Tat wird man Raguel ein ge-rüttelt Maß an geheimem Mitwissen und also auch an geheimer Mitschuld an dem unglücklichen Schicksal seiner Tochter zusprechen müssen; ist es doch geradezu *sein* Geist, der sich in Aschmodai verkörpert, ist es doch *seine* Bindung an die Tochter, die Sara dazu treibt, jeden Liebha-ber in ihrem Bewußtsein bzw. in der Realität zu vernichten, ist er es doch mehr oder weniger selbst, der von vornherein jeden Bewerber um die Gunst seiner Tochter ums Leben bringt[19].

Eine solche psychoanalytische Erklärung des Geistes Aschmodai liegt recht nahe; man muß aber jenseits der ob-jektiven psychoanalytischen Diagnose bedenken, in welch eine existentielle Aporie Sara unter diesen Umständen hin-eingedrängt wird. Ein Mensch ohne Liebe kann nicht leben, und Sara sehnt sich offensichtlich mit einer großen Leidenschaft nach der Liebe eines anderen Menschen. Man wird sich ihren Vater indes nicht einfach als grausam und unterdrückend vorstellen dürfen; vielmehr wird ein Mann wie Raguel ganz im Gegenteil seine Tochter immer wieder gelehrt haben, wie wichtig es ist, eine „richtige" Frau zu sein, so daß es für das Mädchen überhaupt kein wichtigeres Thema gegeben haben dürfte als immer wieder die Liebe, und doch wird zugleich auch immer wieder eine bestimmte ideale Moralität von ihr verlangt worden sein, die im Grunde jedes tiefere Gefühl und Empfinden prinzipiell zugunsten der Tugend einer unbescholtenen Reinheit ausschloß und schon im Keim erstickte. Und um den Teufelskreis perfekt zu machen, wird Sara nach jeder ihrer moralisch erzwungenen Enttäuschungen in der Liebe mit doppeltem Schuldgefühl sich Halt suchend wieder an ihren Vater geklammert haben, zum Trost in der Traurigkeit und vor allem zum Schutz vor der doch wenigstens anflughaft gespürten eigenen Fähigkeit zu Leidenschaft und Glück, die ihr wie eine Gefahr drohender Verwahrlosung und völligen Ruins erschienen sein muß und vor der offenbar nur ihr Vater sie zu retten vermochte. Aber gerade Saras Liebe und Anhänglichkeit an ihren Vater verwehren es ihr, das Stadium tochterhafter Kindlichkeit zu verlassen und eine erwachsene Frau zu werden.

Was sie hindert, ins Leben zu treten, ist, wenn wir den bösen Geist Aschmodai richtig deuten, all das, was ihr als sittsam und gut gilt, was den Weisungen ihres Vaters entspricht, was ihr als musterhaft und rechtschaffen vor Augen steht und was doch diese furchtbare, tödliche Dunkelseite im Hintergrund besitzt. Wie denn soll ein Mensch nicht verzweifeln, der nur das Gute will und gerade deshalb nicht zum Leben kommt? Gerade weil Sara nur das Richtige, das ihrem Vater Gehorsame tun will, überkommt sie das Böse mit mörderischer Gewalt; wie Tobit wird sie lebensunfähig und böse, obwohl und weil sie nie, nie etwas anderes möchte als nur, was gut und richtig ist.

Beide, Tobit und Sara, bitten vor Gott für sich in Zeit- und Wesensgleichheit um ihren Tod. Der Wunsch zu sterben, sagt man, ist im letzten ein verschobener Wunsch zu töten. Das trifft mit Sicherheit auf beide zu. Tobit möchte im Grunde mit seinem Tod die ganze Welt zugrunde richten, wie er es schon mit seiner Erblindung auf magische Weise vorweggetan hat; Sara, so darf man annehmen, möchte in Wahrheit ihren Vater vernichten; die Alternative zu ihrem Todeswunsch wäre der Mord an Raguel[20]. Mancher Suicidgefährdete hinterlegt vor seinem letzten Schritt noch gern eine besondere Nachricht, um bestimmte Hinterbliebene in deren vermeintlicher Traurigkeit zu trösten; psychologisch dürfte es sich bei diesen Letzterwähnten so gut wie immer gerade um die Personen handeln, denen der Selbstmordversuch als geheime Rache zugedacht ist. „Seht, ich vernichte mich, und ihr seid schuld", soll die Selbsttötung besagen. Ganz ähnlich muß man wohl die Sorge Saras verstehen, ihr Vater könnte sich zu sehr grämen, wenn sie sich das Leben nähme (Tob 3, 10); ihr Vater wird als der Hauptadressat ihres Selbstmordversuches zu verstehen sein; für ihn wäre der Akt äußerster Selbstzerstörung bestimmt als Beweis und Rache dafür, daß er es war, der mit seiner Liebe das Leben seiner Tochter zerstört hat, noch ehe es begann.

Gott sei Dank, ist es aber so weit noch nicht. Noch ist die Liebe Saras zu ihrem Vater stärker als der geheime Wunsch nach Rache. Noch hegt Sara außerdem ein gewisses Maß an Hoffnung. Denn wohl bittet sie Gott um den Tod; aber sie stellt es Gott doch anheim, sie vielleicht nicht zu töten, sondern ihr den bösen Geist zu nehmen (Tob 3, 15). Sie fleht in ihrem erschütternden Gebet letztlich nicht um den

Tod, sondern eigentlich nur darum, daß Gott so oder so der Unterträglichkeit ihrer Lage ein Ende bereiten möge; und noch kann sie sich, anders als der alte Tobit, wenigstens die Andeutung einer solchen Alternative zum Sterbenmüssen vorstellen.

3. Der gefahrvolle Weg zur Erlösung

So wird dies jetzt zu der alles entscheidenden Frage: wie können Menschen aus der tragischen Verstrickung des Guten herausfinden, ohne Zerstörung und Schaden zu erleiden oder anzurichten? Wie läßt sich eine Brücke schlagen zwischen Frömmigkeit und Leben, wenn das Leben ringsum der Frömmigkeit so feindlich gegenübersteht? Wie erhält ein frommer Mensch seine innere Einheit und Lebendigkeit zurück? Klar ist, daß beide je für sich, Tobit wie Sara, der Ergänzung bedürfen: der alte Tobit bedürfte der Jugendlichkeit und Frische, die sich in Sara finden, und die junge Sara bedürfte der Reife und der Lebenserfahrung, die in Tobit versammelt sind. Aber: wie können beide zueinander finden? Darum geht es [21].

a) Das Schema des Weges und die religiöse Differenz

Das Problem stellt sich strukturell gleichlautend in zahllosen Märchen und Mythen und wird nur in den einzelnen Sujets von Fall zu Fall variiert. Es handelt sich um den Typos vom sterbenden König, der dringend eines Elixiers bedarf, das sich in den Händen einer wunderschönen, aber verzauberten Prinzessin befindet, die schon seit Jahren ihrer Erlösung harrt [22]; um zu ihr zu gelangen, sendet der König seinen Sohn aus, auf daß dieser die verlorene Jungfrau aus den Klauen des Bösen rette und für ihn selbst die Jugendkraft zurückgewinne [23]; der Königssohn indessen muß auf seinem Weg gefahrvolle Abenteuer bestehen, bei denen er freilich machtvolle Unterstützung von seiten geheimnisvoller Geistermächte erfährt; gleichwohl gerät er in Todesgefahr, wird jedoch allzumal gerettet und führt am Ende glücklich die erlöste Prinzessin heim.

Dieses Motiv von dem Sieg über die Mächte des Todes und der Rettung der verzauberten Prinzessin aus den Klauen des Bösen ist *der* Typos des Erlösungsdramas schlechthin und bildet die Grundfigur all der Geschichten, die von der Heimholung der verlorenen Anima und Heiligen Hochzeit mit dem königlichen, aber unlebendig gewordenen Bewußtsein, mithin von der Vereinigung aller Lebenswidersprüche im „Selbst" (C. G. JUNG) [24] berichten.

Diesem Grundschema entspricht auch die Geschichte des Tobit-Büchleins vollständig. — Auch hier sendet der sterbende Alte seinen Sohn Tobias aus, der mit dem von einem Dämon befreiten Mädchen zurückkehrt und nach Überwindung mancher Gefahr eine Art Lebenselixier zurückbringt; es spielt dabei keine große Rolle, daß in den Märchen der Auszug des Sohnes zumeist ausdrücklich der Rettung des sterbenden Königs dient, während die Gewinnung der heilenden Salbe für Tobits Augen in der biblischen Erzählung nur mittelbar erfolgt; — psychologisch läuft ja die Rettung des erblindeten Alten, der das Bewußtsein in seiner Überreife symbolisiert [25], allemal auf die Vereinigung der Gegensätze in einem Dritten, dem Sohn, hinaus.

Wichtig ist freilich der Unterschied, der die Legende des Tobit-Büchleins von der Erzählform der Märchen *inhaltlich* trennt. Das Märchenmotiv von der aus den Händen des Dämons geretteten Braut kann sich in den Mythen der Völker auf das Wiedererscheinen des Mondmädchens beziehen, das von einem Drachen oder Menschenfresser in einem dunklen Verlies gefangen gehalten wurde[26]; oder es kann den Aufenthalt der Kornjungfrau im Schoße der winterlichen Erde und die glückliche Rückkehr der Vegetation im Frühling beschreiben[27]; und, wie gesagt, stehen diese Bilder psychologisch zumeist für das, was JUNG als „Individuationsprozeß" gedeutet hat: für die Gegensatzvereinigung des Bewußtseins mit dem Unbewußten.

Dieses allgemeine psychologische Schema wird im Tobit-Büchlein indessen in eine religiöse Problemstellung umgeschmolzen. Die Frage ist jetzt nicht mehr nur, wie jemand zu sich selbst findet, sondern wie er aus der Tödlichkeit seines eigenen guten Willens und seiner Frömmigkeit zu Gott erlöst wird. Diese religiöse Umdeutung ist keineswegs ein Akt theologischer Willkür. Die psychologische Versicherung, man müsse in die Weisheit des Unbewußten Vertrauen finden und sich seiner Führung überlassen, genügt existentiell ja von vornherein insofern nicht, als aus dem Unbewußten der menschlichen Psyche gleichermaßen Kräfte der Zerstörung wie der Integration, der Auflösung der Persönlichkeit wie ihrer Heilung entsteigen können. Keine Person kann zu einem „Unbewußten", das nicht selbst eine Person ist, Vertrauen fassen[28]. Daher bedarf es unbedingt auch von der Sache her der religiösen Versicherung, daß auch die Dynamik dessen, was dem Menschen psychologisch unbewußt bleibt, nur die Erscheinungsweise und Funktion einer Macht ist, die ihrer selbst in höchstem Maß bewußt und selbst in sich personhaft ist. Zu Recht geschieht es daher, daß der Verfasser des Tobit-Büchleins den helfenden Geist der Mythen und Märchen als „Engel Gottes" bezeichnet; denn es kommt für das menschliche Bewußtsein, das mit seinem guten Willen an sich selbst erkrankt ist, alles darauf an, daß es eine eindeutig wohlmeinende, nur gute Macht hinter den Zerrformen seiner Angst gibt, die es begleitet und es auf den Weg der Heilung weist [29]. Ein Mensch, der so, wie Tobit und Sara, bis zur Lebensunfähigkeit zerrissen und verzweifelt ist, braucht unbedingt die Erfahrung, daß sein Gott, an den er geglaubt und für den er gelebt hat, den Willen und die Kraft besitzt, zu heilen. Ein solcher Mensch braucht die Erfahrung dessen, was sich im Engelnamen „Rafa-El" ausspricht: daß Gott es ist, der heilt.

Einen Augenblick lang kann man überlegen, was sich für Tobit und Sara denn sonst noch an Möglichkeiten eines Auswegs bieten könnte. Es gäbe in der Tat noch einen anderen „ungöttlichen" Weg: Tobit und Sara könnten ihr gesamtes bisheriges Ringen und Mühen um Gott für einen Irrtum erklären; sie könnten endlich „normal" und „vernünftig" werden im Durchschnittsmaßstab der Borniertheit aller; sie könnten das, was ihnen bislang heilig war, mit Dreck besudeln lernen; sie könnten die Jahre der Frömmigkeit als vertane, gestohlene Zeit bedauern und nun mit der Nachholbedürftigkeit von Halbverhungerten sich in das sogenannte „richtige Leben" stürzen [30]. Es spricht nur für den inneren Wert und für die menschliche Qualität beider, daß für sie ein solcher „Weg" gar nicht in Frage kommt. Lieber zögen sie den physischen Tod vor, als sich moralisch umzubringen. Aber gerade deshalb befinden sie sich nun scheinbar unrettbar in der Klemme. Und wenn es für sie eine Rettung geben soll, dann kann sie nicht von dem psychisch verleugneten „Unbewußten" kommen, sondern dann muß sie ihnen von dem Gott gesandt werden, dessen Treue und Gehorsam sie in diesen Lebensengpaß hineingetrieben haben. So wie das Unglück von Tobit und Sara religiös motiviert ist, so kann auch seine Auflösung nur religiös gelingen. Aber wie?

Das Tobit-Büchlein ist mutig genug, auch diese Frage nicht unbeantwortet zu lassen, sondern ausführlich zu schildern, wie behutsam und weise, wie verschlungen und gefährlich ein „Engel Gottes" im Menschenleben Beistand und Rat zu geben weiß. Die Bilder und Motive, deren es sich dabei bedient, sind, wie wir sehen, nicht originär erfunden; wohl aber sind sie sehr tief nachempfunden und in der Art und Anlage der biblischen Erzählung von einer auch psychologisch staunenswerten Stringenz und Treffsicherheit. Gerade so, wie Rafael den Tobit-Sohn Tobias unterweist, wird ein Mensch fähig, eine Frau wie Sara zu erlösen und einem Mann wie Tobit das Augenlicht zurückzugeben. Allerdings sind, um das zu verstehen, auch im folgenden einzelne symbolistische Deutungen des Textes unumgänglich.

Die langen Ermahnungen brauchen wir nur zu erwähnen, die Tobit in seiner Todessehnsucht seinem Sohn mit auf den Weg geben möchte (Tob 4, 3–19); sie zeigen, daß Tobit unverdrossen, trotz allem, an der Richtigkeit seines bisherigen Lebenswandels festhält, und, erstaunlich genug, seinem Sohn selbst angesichts seines persönlichen Elends versichert: „Sei nicht verzagt, Kind, weil wir arm geworden sind. Viel besitzest du, wenn du Gott fürchtest ... und tust, was ihm wohlgefällig ist" (Tob 4, 21). Selbst in seiner Verzweiflung also kann Tobit seinem Sohn nichts Besseres raten und wünschen, als daß dieser in seine Fußstapfen treten möge. So sehr steht Tobit nach wie vor zu seinem Glauben und zu seiner Überzeugung. Und erst in dieser Überzeugungstreue wird der Erlösungsweg innerer Heilung möglich und notwendig, der in der folgenden Aussendung des Tobias seine symbolische Darstellung finden wird[31].

b) Der entfremdete Schatz

Der Anlaß zur Aussendung des Tobias scheint buchstäblich „sehr weit hergeholt" und vollkommen banal zu sein: Tobit erinnert sich einer alten Geldforderung, die er von Gabael in Medien einzutreiben hofft (Tob 4, 20). Nimmt man diese Mitteilung rein äußerlich, so bestürzt sie durch ihren Kontrast: eine derart simple Geldgeschichte wird das göttliche Vehikel zu Tobits Rettung sein! So geht es manchmal zu, scheint diese merkwürdige Zusammenfügung des Tobit-Büchleins dann zu sagen: wir Menschen betreiben alles mögliche und meinen, damit aus dem Sumpf herauszukommen, während wir uns in Wahrheit erst richtig in die Ausweglosigkeit hineinarbeiten; aber dann, in dem Moment unserer Erschöpfung, wo wir kein Ziel und keine Richtung mehr vor Augen haben, tun wir etwas scheinbar ganz Unwichtiges und Nebensächliches, und gerade das wird vielleicht vor Gott zum unverhofften Anknüpfungspunkt unserer Rettung. So macht es Gott mit uns, daß wir beim besten Willen gerade das Werk unserer Rettung oft nicht voraussehen können. Das Wesentliche unseres Lebens, scheint diese Stelle zu besagen, geschieht uns wie von außen, unerwartet, in überhaupt keinem Verhältnis zu dem Anfang, den wir vielleicht selber noch gesetzt haben; nur hinterher, vom glücklichen Ergebnis aus, können wir Gottes Handeln in den seltsamen Begebenheiten unseres Lebens nachzeichnen und verstehen, und dann verbleibt uns nachgerade als einziges, menschlich wesentliches Tun allein die Dankbarkeit[32].

Aber es ist der „Geldbetrag", der Tobit mit einem Mal in den Sinn kommt, gewiß nicht (nur) ein äußerer Besitz. Die verborgenen oder weit entlegenen Besitztümer stehen in den Märchen und Mythen meist für verborgene Wahrheiten, für seelische „Schätze", die im Unbewußten, bildlich gesprochen: im fernen „Medien", vor langer Zeit schon abhanden gekommen sind[33]. Auch die „Armut", in die Tobit geraten ist, wird man dann wohl als ein Bild der Lebensleere, der inneren Verarmung und fortschreitenden Seelenlosigkeit verstehen dürfen. Denn nur wenn es sich so

44

verhält, versteht man später, daß Rafael den Sohn Tobias nicht sogleich zum Ort des ausgeliehenen Geldbetrages führt, sondern zunächst auf den Weg seiner Liebe schickt; und während Sara und Tobias gegen alle Angst die Liebe lernen, bringt Rafael schon selbst die einzuholende Geldsumme mit. Die im Unbewußten entfremdeten Inhalte eines wirklichen, innerlich reichen und erfüllten Lebens sind, mit anderen Worten, nur auf dem Weg der Liebe wiederzugewinnen, und nur wenn „Sara", wenn das Bild der eigenen erlösungsbedürftigen und unglücklichen Seele ganz buchstäblich „heimgeführt" worden ist, hört das Gefühl der „Armut", des verlorenen Lebens auf. Der „Engel Gottes", Rafael, ist dabei das Symbol der Wegweisung und Weggeleitung der gefahrvollen Suchwanderung zum Glück des eigenen Lebens, und wiederum ist der Weg zu sich selbst zutiefst der Weg, den Gott mit uns in unserem Leben gehen will.

Das „Medium" der Führung Gottes sieht dabei in Tobits und Tobias' Augen zunächst einem gewöhnlichen Menschen vollkommen ähnlich, nicht nur, indem der Engel Rafael sich als Asarja, als ein Verwandter Tobits ausgibt (Tob 5, 13), sondern schon durch seinen Namen verkörpert, daß „Jahwe hilft". Gott wirkt, so muß man daraus schließen, durch etwas, das uns selbst vertraut erscheint und zu dem wir daher Vertrauen fassen können – und dennoch bleibt es uns im eigentlichen fremd und erscheint letztlich wie die Außenseite Gottes selbst, die sich verhüllt, damit wir eine Zeitlang mit ihr leben können. Offenbar gehört also auch das mit zu der Vorstellung von Gott, die das Tobit-Büchlein uns vermitteln will: daß Gott nichts mit Gewalt in uns erzwingt, daß er vielmehr bereit ist, uns lange Wegestrecken an Entwicklung einzuräumen, und zugleich willens ist, uns darauf mit seinem Beistand zu begleiten.

c) Das Bild des „Engels" und des „Sohnes"

Gerade für dieses göttliche Geleit steht das Symbol des „Engels" selbst. Unerachtet der theologischen Frage, ob es Engel „wirklich", d. h. unabhängig von der menschlichen Psyche, gibt oder nicht, tritt die Gestalt des „Engels" in psychologischer Betrachtung immer dann auf, wenn jemand des Bildes seines eigenen Wesens, seines inneren „Verwandten" inne wird [34]; der „Engel" steht somit für die Kraft der eigenen Persönlichkeit, für das „Wesensgewissen" bzw. für die Wahrheit des eigenen Seins, wie sie in der ägyptischen Religion etwa im „Ka" verkörpert war [35]. Der Engel Rafael ist nicht nur von menschlicher Gestalt, er ist in seinem ganzen Wesen die Gestalt einer heilen oder doch zum Heil führenden Menschlichkeit.

De facto wird man indessen auch die Doppeldeutigkeit der Engelgestalt im Tobit-Büchlein zwischen einer geistigen Macht und einem menschlichen Partner nur bestätigen können, denn wie sollte man der heilenden Macht Gottes anders innewerden können, als indem man einem anderen Menschen begegnet, der mit seiner Nähe und Güte, mit seiner freundlich und absichtslos begleitenden Liebe wie ein Fenster zum Himmel ist und ein ständig umhüllender Schutz im Durcheinander der Angst? Ein solcher Mensch, der wie ein Schutzengel ins Leben tritt, trägt immer die Züge eines alten „Verwandten" an sich; denn in ihm lebt stets etwas von jenen Zielen und Entfaltungsmöglichkeiten, nach denen man als Kind sich schon gesehnt hat, auf die man aber jetzt erst wirklich aufmerksam wird. Vor allem aber gehört es zu dem Wesen eines solchen „Schutzengels", daß in ihm sich der ehemals so ambivalente Schutz durch den Vater oder die Mutter ein Stück weit klärt und delegiert: das, was gut war an den Weisungen der Eltern, tritt aus der Angstbindung heraus und darf sich auf den

46

Weg machen an der Seite eines anderen Menschen, den Gott uns in den Weg geschickt hat als einen „der sieben Engel, die vor Gott stehen", um die Macht der Blindheit und der Seelenverstörung durch die Gestalt von sieben Männern zu überwinden. Einen solchen Menschen, der durch seine Gegenwart zeigt, daß Gott hilft und heilt, braucht man unbedingt, um dem Wesensbild der eigenen Seele, der eigenen Engelgestalt, nahe zu sein. Fast immer wird man erst in einem anderen Menschen sehen und erfahren können, wer man selber wirklich ist, und erst ein Mensch, der bedingungslos bereit ist, den eigenen Lebensweg in den entscheidenden Etappen zu begleiten, vermag den letztlich göttlichen, den absolut verbindlichen Erfahrungsraum des „Engels" zu erschließen. Bis dahin aber führt ein langer Weg der reifenden Geduld, und gerade ihn nennt die Tobit-Legende „göttlich".

Für eine Weile zeigt sich die gütige, geduldige Erziehungs- und Verhaltensweise Gottes an der Person des jungen, lebensunerfahrenen Tobias, der mit seinem eigenen „Weg", mit seiner eigenen Entwicklung zwischen Assyrien und Medien, die notwendige Brücke zwischen dem blinden Tobit und der ehelosen, unglücklichen Sara schlägt. Indem Tobias auf dem Botengang des Vaters selber zum Mann heranreift, zeigt er nicht nur die Mitte, die Synthese eines heilen und in sich befreiten Menschseins an, sondern belegt zugleich mit seiner eigenen Person, *wie* Gott die Reifung eines Menschen unvermerkt lenkt und gestaltet.

Auch die Tobias-Gestalt läßt sich doppelt interpretieren. Der „Sohn", den der „Vater" zum eigenen Heil in die Fremde schickt, symbolisiert tiefenpsychologisch die Kraft des Ich, die vom Bewußtsein ausgesandt wird, um den Zugang zu den tieferen Schichten der eigenen Psyche zu finden. Oft wird der „Sohn", wie im Tobit-Büchlein, vom „Hund", von einem (sprechenden) Tier begleitet [36], so wie

47

in der ägyptischen Mythologie der schakalsköpfige treue Anubis den Weg zur Unterwelt führt und begleitet[37]. Immer nämlich sind es die „tierischen", die instinktiven, unbewußten Wahrnehmungsfähigkeiten, die in dem fremden, entlegenen Lande des Unbewußten Orientierung und Schutz zu gewährleisten vermögen. Andererseits läßt sich die Gestalt des Tobias auch „objektal" denken, als eine in sich eigenständige Person mit einer eigenen Entwicklung. Beide Betrachtungsweisen schließen sich nicht aus, sondern bedingen sich geradezu gegenseitig, erfüllt sich doch das Leben der Eltern oft genug symbolisch in ihren Kindern und ist doch umgekehrt das Wesen der Kinder oft genug das Innenbild der Eltern. Zum Verständnis des Folgenden ist es indessen am einfachsten, in Tobias und Sara zwei verschiedene eigene Persönlichkeiten zu erblicken, vorausgesetzt, daß man darüber niemals den „ subjektalen" Gesichtspunkt ganz vergißt, nach dem sich in beiden Seelenkräfte verkörpern, die dazu führen, ein seelenlos gewordenes, erstarrtes und psychisch blind gewordenes Leben wieder mit Hoffnung und Reichtum zu erfüllen.

Als erstes stellt sich für den ausziehenden Tobias das Problem der Loslösung von seiner Mutter. Noch ehe er sich auf den Weg macht, entsteht eine Art Streit zwischen den beiden Eltern, zwischen Tobit und seiner Frau Hanna. Die Mutter will den Sohn aus Angst für sich zurückbehalten (Tob 5, 18); in ihren Worten regieren Furcht und Besorgnis; und ginge es nach ihr, so müßte Tobias, wie sie selbst, sich damit zufrieden geben, überhaupt zu existieren (Tob 5, 20); er müßte auf jeden Gedanken an Aufbruch und Gefahr, an Entwicklung und Bewährung Verzicht tun[38]; – er würde dann so werden, wie Sara in Ekbatana in ihrer Bindung an den Vater inzwischen schon geworden ist, und wäre selbstverständlich außerstande, sie jemals aus dem Unglück ihrer mädchenhaften Bravheit zu befreien; und selbstverständlich wäre ihm der „Engel" dann umsonst von Gott her beigegeben worden. Der Weg ins Leben, den Tobias gehen muß, kostet die Tränen und die Klagen seiner Mutter[39]; sie absolut vermeiden zu wollen, würde Tobias dazu verurteilen, ewig ein Kind zu bleiben, und selbst wenn eine solche Haltung nach außen hin auch wie ein frommer Gehorsam gegenüber der eigenen Mutter erscheinen könnte, auf einer tieferen Schicht des Lebens bedeutete sie Ungehorsam gegen Gott. Tobias muß, um reif zu werden, sich von seiner Mutter lösen; und dazu gehört, daß er der Angst seiner Mutter ein Mehr an Vertrauen entgegensetzt. In diese Richtung weist ihn auch sein Vater, der sich fest überzeugt zeigt, daß sein Sohn zurückkehren werde. Er kann seinen Sohn gehen lassen, gerade weil er die Zuversicht hegt, daß „ein guter Engel mit ihm ziehen" werde (Tob 5,21). Tobit weiß offenbar, daß Angst den Lebensweg verschließt, daß aber Gottvertrauen ihn ermöglicht und eröffnet; und da, wo ein Mensch sich auf seinen eigenen Weg begibt, ist immer auch im letzten Gott an seiner Seite. Dies ist es, was Tobit bezüglich seines Sohnes ahnt, was ihm den Mut verleiht, Tobias in die „Fremde" ziehen zu lassen, und was sich vom Ergebnis her dann auch so wunderbar bestätigt. Nur, so geschieht es eben: wir sehen Gott bzw. seinen Engel nicht schon am Anfang unseres Weges zu uns selbst; von uns selbst her können wir nur das *Vertrauen* haben, daß er uns begleitet; und erst vom Ende her wird sich erweisen, daß es tatsächlich Gott gewesen ist, der all die Zeit in dem, was uns menschlich so fern und doch gleichzeitig so eng verwandt erschien, zur Seite war und uns begleitete.

d) Die Weisung des „Engels" – die Macht des Glaubens gegen die Angst

Gleich zu Beginn der Ausreise gelangt Tobias gegen Abend an den Tigrisstrom. Dieses Motiv vom nächtlichen Flußdurchgang, das biblisch auch beim Kampf Jakobs am Jabbok (Gen 32, 23–32) und vielleicht auch beim Durchgang durch das Rote Meer (Ex 14, 15 – 15, 11) eine gewisse Rolle spielt, dürfte – ebenso wie das Motiv vom blinden Vater, den vom verschlingenden Fisch (vgl. Jona 2, 1) und der Heimführung der verzauberten (Mond-)Braut – der Sonnenmythologie entstammen [40]. Allnächtlich taucht ja die Sonne in das Weltmeer bzw. in den Himmelsozean hinab und gerät dabei in die Gefahr, von dem Schlangenungeheuer des Westmeeres bzw. der Nacht verschlungen zu werden, bis sie am anderen Morgen – oder auch am Morgen der Welt, am Anfang des Neuen Jahres – nach tapferem Kampf aus den Fluten verjüngt (sehend, lichtspendend) emporsteigt. In Tobias' Leben bedeutet dieses Bild als erste Stufe seiner inneren Auseinandersetzung und Reifung, daß er sich auf Schichten und Zonen seiner selbst einlassen muß, die ihm bislang vollkommen fremd und undurchsichtig geblieben sind. Wie in dem Symbol der Taufe, geht es für Tobias zunächst darum, sich auf Daseinsmächte einzulassen, die ihm scheinbar den Grund unter den Füßen wegschwemmen, während sie ihn in Wahrheit gereinigt und erneuert aus sich hervorgehen lassen [41]. Psychologisch steht das Symbol des Wassers gern für die Welt des Unbewußten, die dem Ich bedrohlich und ängstigend erscheint, obwohl sie eigentlich eine Stätte der Erneuerung und Lebenssteigerung sein könnte.

Das Problem, das im Leben des Tobias aus dem Unbewußten drohend aufsteigt und den Knaben fast zu verschlingen droht, wird von dem Bild des Riesenfisches symbolisch angezeigt. Man geht nicht fehl, darin ein phallisches Symbol zu erkennen [42]. Die Aufgabe, der sich Tobias gegenübersieht, läßt sich dann etwa so beschreiben, er fühlt – auf halbem Wege seiner Jugendreise – Kräfte und Energien in sich, denen er sich im ersten Augenblick wie hilflos ausgeliefert fühlt. Triebenergien steigen in ihm auf, die ihm riesengroß vorkommen und von denen er fürchten muß, verschlungen zu werden. Dieses Erwachen seiner unbewußten, sexuellen Kräfte erfolgt für ihn selbst plötzlich und überraschend. Eine Sphäre tut sich in ihm auf, die er noch nie gekannt hat; sie springt ihn förmlich an (Tob 6,2), und es kommt jetzt alles darauf an, wie Tobias sich verhält. Allein auf sich gestellt, läge es außerordentlich nahe, daß Tobias in seiner Angst versteinern würde; aus lauter Angst vor den in ihm erwachenden sexuellen Energien würde er wie angewurzelt stehen bleiben; er würde dann mit Sicherheit eine leichte Beute der in dem Fisch symbolisierten Triebgefahren. Oder: Tobias würde rückwärts fliehen; dann käme er nie an das Ziel seines Weges; er würde im Haus seiner Mutter das Schicksal der erlösungsbedürftigen Sara teilen und rein regressiv die Chance vertun, ein Mann zu werden. Es gibt daher nur einen Weg, aber gerade den kann Tobias sich nicht selbst verordnen; retten kann Tobias sich allein, indem er energisch die ihn anspringende Gefahr „in die Hand" zu nehmen und anzufassen wagt. Seine Situation ist der Szene am Sinai nicht unähnlich, in der Gott den Mose auffordert, seinen Stab von sich zu werfen – und dieser verwandelt sich in eine Schlange, vor der Mose flieht (Ex 4,2–4); erst als Mose auf Gottes Befehl hin die Schlange anfaßt, verwandelt sie sich wieder in seinen Stab [43]. Ganz entsprechend geht es Tobias. Würde er die neu erwachten Kräfte seiner Seele von sich werfen, so würden sie erst ihre eigentlich gefährliche und bedrohliche Gestalt erlangen; gerade in verdrängtem Zustand würden seine vitalen Energien eine Quelle unablässiger Angst darstellen und ihn zu einem Leben ständiger Flucht zwingen. Nur wenn er sich getraut, diese ungebärdigen, ihn überfallenden Energien „anzufassen" und „ans Trockene" zu bringen, also aus den Zonen der Unbewußtheit herauszuziehen und auf festen Boden zu stellen, wird er Herr seiner selbst werden. Aber gerade das vermag er nur auf Weisung einer absoluten Macht, der er bedingungslos vertrauen kann. Nicht in sich selbst, kraft eines Willensentschlusses, findet er die Kraft, dieses Abenteuer seines heranwachsenden Lebens zu bestehen; vielmehr allein im Vertrauen auf seinen Begleiter, der sich im nachhinein als Bote Gottes zeigen wird, gewinnt er die Entschlußkraft, sich seiner Lebensaufgabe zu stellen[44].

Deutlich ist somit, daß es für Tobias hier um alles andere als um eine „Mutprobe" geht. Wohl gibt es im Rahmen primitiver Initiationsriten bestimmte Mannbarkeitspraktiken, die darin bestehen, die Jünglinge des Stammes mit einem alles fressenden Ungeheuer zu konfrontieren, von dessen Rachen sie verschlungen und wieder ausgespien werden. Zumeist ist dieses gefräßige Ungeheuer weiblicher Natur; es verkörpert die Gestalt der behütenden Mutter, die für den Heranwachsenden, wenn er aus Angst sich rückwärts orientieren und im Schoß der Mutter verbleiben wollte, sich in der Tat in ein gefährliches, ihn verschlingendes Ungeheuer verwandeln müßte[45]. *Diese* Mutter, die ihn mit ihrer Liebe aufsaugen könnte, muß Tobias für sich vernichten, um frei ins Leben zu treten. Aber statt einer Mutprobe besteht Tobias, wie unbemerkt, eine Glaubensprobe. Indem er all seinen Mut und seine Kraft zusammennimmt, um die ihm gestellte Aufgabe zu meistern, gehorcht er letztlich Gott; und der Befehl, der seine Angst verscheucht, entstammt nicht seiner eigenen Entschlußkraft, sondern wird ihm von Rafael zugerufen. Nicht Mut – Vertrauen ist das, was Tobias rettet[46].

In der Meisterung der rückwärtsdrängenden, „inzestuösen"
Energien gelingt Tobias durch die Tötung des Fisches zugleich die Beherrschung seiner Libido. Oft müssen in den
Märchen und Mythen die Helden, welche die verbannte
Jungfrau aufsuchen, ein Untier töten, das den Weg verstellt: einen Auerochsen z.B., wie in dem Grimmschen
Märchen „Die Kristallkugel"[47], oder einen Löwen, der den
Eingang zum Zaubergarten oder zur Unterwelt bewacht;
auch der Fisch, den Tobias tötet, muß so verstanden werden. Ehe der Held die Jungfrau von ihrem Fluch erlösen
kann, muß er in sich selbst seine eigenen (sexuellen) Trieb-
kräfte soweit „abgetötet", bzw. „zerlegt", „analysiert", „gegessen", also sich selbst angeeignet haben, daß sie ihm mit
ihren eigentlichen „Inhalten", mit dem, was mit ihnen
wirklich an innerlich Wertvollem gemeint ist, zu Gebote
stehen. Indem Tobias dem Fisch auf Anraten des Engels
Herz, Leber und Galle herausnimmt (Tob 6, 4), verzichtet er
in symbolischer Weise auf die rein äußere Gestalt sexueller
Verheißung, die in dem Fisch angedeutet ist, zerstört er für
sich die rohe Äußerlichkeit der Sexualität und behält davon
übrig, was innerlich „darinsteckt". Er tut dies zunächst wie
in blindem Gehorsam, einfach weil er erfährt, daß es so
richtig ist; erst später begreift er, welchem Zweck sein Tun
dient und welche Möglichkeiten er durch die Fischtötung
erworben hat (Tob 6, 8.9). In unserem Leben, meint das Tobit-Büchlein offenbar an dieser Stelle, tun wir oft wie in-
stinktiv, wie von einem inneren Befehl geleitet, ohne recht
zu wissen, weshalb und wozu, das Richtige, und erst viel
später merken wir, was wir mit den erworbenen Fähigkeiten und getroffenen Entscheidungen beginnen können.
Nicht, daß wir Gott verstehen, nur, daß wir tun, was er in
der Sprache unseres Lebens von uns fordert, ist von Wich-
tigkeit. Freilich ist das, was Gott zu unserem eigenen Heile
und zum Wohle derer fordert, die mit uns leben, niemals

53

etwas Sinnloses und aufs ganze Unbegreifliches, irgend-
wann werden wir schon sehen, wozu alles gut war; nur im
Moment, wenn es darauf ankommt, zählt nicht, daß wir es
begreifen, sondern nur, daß wir die Angst verlieren und uns
nicht aus Angst an einer Lebensaufgabe vorbeimogeln, die
wir bestehen müssen, um auf dem Lebensweg voranzukom-
men.

Wer diese merkwürdige „Blindheit", mit der wir durch die
Krisen unseres Lebens auf wirklich „engelhafter" Weise
hindurchgeleitet werden, einmal begriffen hat, der wird
auch die folgende, für alles weitere entscheidende Merk-
würdigkeit verstehen, mit welcher Rafael von sich aus den
Auftrag und das Ziel der Reise ändert und Tobias anweist,
bei Raguel zu übernachten und um dessen Tochter als
Braut anzuhalten (Tob 6, 11.12). Man macht sich auf den
Lebensweg, indem man zunächst einfach tut und fortsetzt,
was der eigene „Vater" einem mitgegeben hat; man hat zunächst keinen eigenen Plan und kann ihn auch nicht haben; die wirklichen Lebensziele sucht man sich nicht selbst,
sie melden sich vielmehr, wie das Tobit-Büchlein meint,
durch die Stimme eines Rafael; doch schon verändert sich
die Welt; was bislang wie ein Mittel, wie ein Stück am Weg
aussah, das wird mit einem Mal zum Ziel; und worauf man
soeben noch fest zuzugehen glaubte, das wird plötzlich zur
Nebensache, die sich wie von selbst erledigt. Man sucht
scheinbar nach Geld und entdeckt plötzlich den Reichtum
der Liebe, und gerade diese Umwertungen erweisen sich im
Rückblick als die Momente, da – biblisch gesprochen – ein
Engel Gottes in unser Leben trat.

e) Die Entdämonisierung der Liebe

Nichts hindert, den äußeren Ablauf im Hause Raguels sich in der Art zurechtzulegen, Tobias habe in Ekbatana übernachten und dort die schöne, aber unglückliche Sara angetroffen, deren Schicksal ihn so dauerte und anzog, daß er es übers Herz brachte, allen Warnungen zum Trotz sich ihr zu nähern – und bei dem scheuen Mädchen Einlaß fand. Indessen geht es eben nicht um eine solche rein psychologische Betrachtung. Das Tobit-Büchlein tut ja vielmehr alles, um immer wieder zu zeigen, wie das scheinbar rein „Menschliche" rein „Psychologische" nur von Gott her in Gang gehalten wird[48]. Gewiß, von außen her betrachtet, ist nur zu berichten, daß Tobias sich in die unglückliche Sara „verliebt" hat. Aber würde denn, wenn man es so ausdrücken wollte, die „Sache" damit besser verständlich? Ginge damit nicht gerade verloren, worauf es dem Tobit-Büchlein so sehr ankommt: daß die „Liebe" für Tobias ein Gottesgeschenk, eine Gottesweisung ist, der er sich nicht verschließen darf, es sei denn um seines und des Mädchens Heil? Würde damit nicht vor allem in Vergessenheit geraten, daß Tobias von sich her seiner *Angst* und nicht der Stimme seines Herzens gefolgt wäre? Freilich erkennt er, angeleitet durch die Worte des „Engels", seine innere Wesensverwandtschaft und innige Zugehörigkeit zu Sara (Tob 6, 12); aber das Mädchen ist ihm fremd und unheimlich, und er hat Todesangst vor ihm (Tob 6, 14.15). Verliebt zu sein bedeutet für ihn die Gefahr, sich einem Dämon auszuliefern und daran womöglich zugrunde zu gehen.

Psychoanalytisch kann man hier natürlich gewisse Hypothesen aufstellen, die sich schon anläßlich der Fischtötung (Tob 6, 2.3) nahelegten; man könnte an eine ödipale, inzestuös gefärbte Angst vor der Frau als Mutter denken; Begriffe wie Kastrationsangst, Impotenz u. ä. könnten hier fallen[49]. Man würde dabei aber erneut übersehen, daß das gestellte Problem zutiefst *religiöser* Natur ist. In all den Jahrtausenden der Religionsgeschichte galt „Eros" als ein Dämon oder Gott, der mit den Menschen spielt und sie in willenlose Marionetten seines Komödien- oder Tragödienkabinetts verwandelt[50]; in all den Jahrtausenden galt die *Frau* als Inkarnation der alles gewährenden, alles verschlingenden großen Göttin, die den Mann im Taumel der Sinne verheert und leer zurückläßt[51]. Es hat religionsgeschichtlich des Auftretens des jüdischen Monotheismus bedurft, um die Macht der Liebe als eine Kraft der menschlichen Seele zu erweisen und ihr den Charakter dämonischer Übermächtigkeit zu nehmen. Und ganz entsprechend bedarf es in der Lebensgeschichte jedes einzelnen des unbedingten Glaubens an Gott, um das Gefühl der Ausgeliefertheit und Ohnmacht zu verlieren und die Angst zu bannen, die seit den Tagen Adams und Evas die Beziehung zwischen den Geschlechtern erniedrigt und belastet (Gen 3, 16)[53]. Daß Liebe untereinander erst möglich ist, wenn man die elementare Angst voreinander verliert, wenn der andere aufhört, wie ein tötender Dämon oder wie ein zu tötender Versucher zu erscheinen – diese Erfahrung des Tobit-Büchleins verweist auf eine Psychologie der Angst, die einzig und allein von Gott her ihre Auflösung erhalten kann[53]. Tobias braucht das Wort des Gottesengels, und jedes Wort seines Begleiters ist wie eine Bestätigung für das, was dessen Name, dessen Wesen ist: „Gott heilt" – „*nur* Gott allein", muß man hinzusetzen.

Bezeichnenderweise äußert Tobias seine Angst vor Sara als Sorge, um seine Eltern (Tob 6, 15); wenn er von dem Dämon Saras getötet würde, so müßten seine Eltern vor Schmerz vergehen, erklärt er. Man wird dahinter den Wunsch vernehmen können, das einzige, geliebte Kind seiner Eltern bleiben zu dürfen, und man wird Grund genug zu der Annahme haben, daß beides zusammenhängt: die Angst vor Saras Dämon wie die Sorge um das Wohl der Eltern. Solange Tobias sich wesentlich noch als Sohn seiner Eltern fühlt, solange er innerlich seinem Elternhaus verhaftet bleibt, solange muß ihm das Wesen Saras als Frau in dämonischen Schreckenszügen erscheinen. Bliebe Tobias hingegen in dieser Haltung gefangen, so müßte ein vollendeter Teufelskreis entstehen: er müßte sich aus Angst vor Sara in den Schoß seiner Familie zurückflüchten, und diese Flucht wiederum müßte die Angst vor Sara verstärken.

Um so wichtiger sind die Worte, mit denen Rafael diesen sich abzeichnenden circulus vitiosus der Angst durchbricht. Sehr feinfühlig – wenn man so von einem „Engel" sagen darf – greift Rafael die Bindung des Jungen an seine Eltern auf und erinnert ihn, daß er im Grunde gerade seines Vaters Wunsch und Willen erfüllen würde, wenn er sich zu einer Heirat mit Sara bereit fände (Tob 6, 16). Dieselbe Bindung also, die Tobias nach rückwärts versklaven könnte, besitzt in den Worten des „Engels" den Charakter eines Auftrags nach vorn. Wie in der symbolischen Szene des Fischfangs, sagt Rafael eigentlich wieder nur: „ Greif zu"; aber was damals symbolische Einübung war, das füllt sich nun mit Inhalt und erfüllt sich als Realität. Es gilt jetzt, endgültig „Vater und Mutter zu verlassen", wie es in Gen 2, 24 heißt, um innerlich dazu fähig zu werden, „einem Weibe anzuhangen"[54]; aber Rafaels Worte verhindern, daß Tobias es als inneren Bruch empfinden muß, „Vater und Mutter zu verlassen"; er kann vielmehr, wie Rafael ihm nahelegt, im Einklang mit den Wünschen seines Vaters handeln, wenn er sich jetzt getraut, Sara zu lieben. Und wieder darf man im Sinne des Tobit-Büchleins denken, daß gerade dies die Weise Gottes ist, unser Leben zu führen und zu leiten, daß er die inneren Disharmonien und Verwerfungen der Angst vermeidet und uns dort Brücken baut, wo sonst Brüche und

Diskontinuitäten der Entwicklung in uns Platz greifen müßten.

Ineins damit macht Rafael den ängstlich zaudernden Tobias Mut. Wenn man bisher mit einem gewissen Recht die Einstellung des Tobias von der Psychoanalyse her als „ödipal" charakterisieren konnte, so zeigt sich jetzt, entgegen S. Freuds Ansicht von der Herkunft der Vaterreligion aus dem Ödipuskomplex[55], wie die ödipalen Ängste durch das Vertrauen auf Gott allererst beseitigt werden (Tob 6,16). Erst hier erweist sich, was Tobias' Glaube wert ist und vermag. Denn erst im Vertrauen auf Gott reduziert sich die Gestalt Saras von einer männervernichtenden Dämonin auf das Maß einer schönen, wesensverwandten, liebenswerten, jungen Frau. Es ist der Glaube, der Tobias menschlich fühlen läßt, und so bedarf es des Auftritts eines Engels in der Gestalt eines Menschen, um Tobias zu einer Angstfreiheit zu verhelfen, die ihn in jener Nacht ohne Zerstörung und Entwicklungsabbruch zum Manne reifen läßt.

Allerdings läßt sich die Angst, die Tobias vor Sara empfindet, nicht rein subjektiv aus der Sicht des Tobias deuten. Die Schwierigkeit liegt ja gerade darin, daß Sara auch für sich selbst unter dem Zwang steht, sich ihrer Unberührtheit in der Brautnacht auf mörderische Weise zu erwehren; und so entsteht die Frage, ob und mit welchen Mitteln Tobias sie von ihrer Angst erlösen kann. Die Aufgabe ist also anders, als wir sie sonst in den Märchen und Mythen antreffen. Dort hören wir außerordentlich oft davon, daß eine verzauberte Jungfrau nur dem zur Frau gegeben wird, der eine bestimmte lebensgefährliche Aufgabe löst, an der bereits sieben Vorgänger gescheitert sind[56]. Im Hintergrund dieser Erzählungen erkennt man zumeist, daß es der Vater der Braut ist, der, verkleidet als Drache, Marschall, fremder Geist oder aber auch ganz offen in seiner eigenen Person, dem Liebeswerber die tödliche Probe stellt, um seinem möglichen Schwiegersohn den Zutritt zu seiner Tochter zu verwehren [57]. In den meisten dieser Geschichten ist der Vater der Braut eine Projektionsgestalt aus dem Ödipuskomplex, indem nämlich der Sohn im Grunde gegen den Widerstand des Vaters um den Besitz seiner Mutter kämpft. Hier nun, in der Geschichte von Tobias, stellt sich das Problem differenzierter; denn Tobias muß nicht nur seine eigene Mutterbindung – seinen eigenen Ödipuskomplex – bearbeiten, sondern er muß vor allem Sara von ihrer Furcht befreien. Nachdem er selber durch die Worte Rafaels von seiner Angst erlöst wurde, steht er nun vor der Schwierigkeit, sich Sara in einer Weise zu nähern, die das Mädchen nicht erneut in ihre alte verhängnisvolle Reaktionsweise zurücktreibt.

Auch angesichts dieser Aufgabe weiß *Rafael* Rat. Es zeigt sich nämlich, daß Tobias unter seiner Anleitung bereits die notwendigen Voraussetzungen erworben hat, um das Problem zu meistern. Im Bild gesprochen, verfügt er über Herz und Leber des Fisches, die wir vorhin als die „innere Seite" des im Fischsymbol dargestellten Triebverlangens gedeutet haben. Am „Tigrisstrom", in der Auseinandersetzung mit seinem Unbewußten, hat Tobias gelernt, seine Leidenschaften in die Hand zu bekommen und den in ihnen angelegten „organischen" Sinn herauszuholen, statt es sich mit ihrer rein äußeren Befriedigung genug sein zu lassen. Soviel war nötig, damit er selbst nicht von der Macht seiner Triebe verschlungen würde. Um Saras willen aber ist noch mehr vonnöten. Die inneren Organe des Fisches bedürfen, so erklärt Rafael, einer eigenen Behandlung; erst wenn man sie mit Räucherwerk verbrennt, wird man den Dämon Saras endgültig vertreiben.

Daß man bestimmten Dämpfen einen Einfluß auf die luftige Welt der Geister zutraut, ist eine vielfältig belegte Überzeugung primitiver Magie [58]. Aber alle Magie wirkt ja nur durch die innere Macht, die sie auf die Psyche des Menschen ausübt; und so muß es eine innere symbolische Entsprechung zwischen dem magischen Tun und dem gewünschten Zweck geben. Es wird also nicht einfach darum gehen, den bösen Geist Aschmodai durch übelriechende Essenzen zu vertreiben. Vielmehr haftet der Verbrennung der Fischorgane offenbar selbst eine symbolische Bedeutung an, die sie geeignet macht, den Dämon der geplagten Sara zu bannen. Haben wir den Fisch u. a. als ein phallisches Symbol erkannt und die „Besessenheit" Saras als eine sexuelle Angst zu verstehen gelernt, so fügt sich die Verbrennung der inneren Organe des Fisches in der Tat gut in dieses Bild. Man könnte nämlich daran denken, daß die Angst Saras vor der Annäherung des Geliebten in der Brautnacht wirklich nur zu bannen ist, wenn ihr die „Sexualität" zunächst in einer „verdampften", vergeistigten, also sublimierten Weise begegnet und der Dämon der tödlichen Angst und des daraus resultierenden Tötungswunsches sich selbst „verflüchtigt", indem Sara zum ersten Mal spürt, daß es dem anderen im wesentlichen nicht nur um „das Eine" geht. Um die Voraussetzung dafür zu erlangen, mußte Tobias wirklich die symbolische Probe der Fischtötung bestehen, und damit Sara davon überzeugt werden kann, ist dieser Akt einer vollkommenen Vergeistigung der Gefühle notwendig.

Mit Recht schlägt Rafael daher als zweite Maßnahme zur Vertreibung des bösen Geistes ein gemeinsames Gebet vor (Tob 6, 18). Denn für Tobias wie für Sara hängt alles davon ab, daß sie einen gemeinsamen Halt finden, der es ihnen erlaubt, einander ohne die dämonischen Verzerrungen der Angst zu begegnen. Beide müssen, ehe von Liebe und „Sexualität" die Rede sein kann, sich selbst in einem gemeinsamen Bezugspunkt treffen, der es ihnen ermöglicht, je für sich selbst zu leben und zu gelten. Tob 8, 6.7 wird sogleich zeigen, was diese gemeinsame Bewegung auf Gott hin bewirkt. Tobias und Sara kommen zueinander, indem sie beide sich beugen vor der einen absoluten Person Gottes, von dessen Willen sie gerade in dem beginnenden Versuch ihrer Liebe sich getragen und ermutigt fühlen können. „Nicht der großen Sinnlichkeit wegen", erklärt Tobias vor Gott, „heirate ich diese meine Schwester[59], sondern in lauterer Absicht." Es mag im Leben von Menschen, die so belastet sind wie Sara, Jahre dauern, bis ein solcher Satz glaubwürdig gesagt und wirklich aufgenommen werden kann[60]; die Szene der Brautnacht des Tobit-Büchleins zieht hier die Erfahrungen unzähliger Bemühungen auf einen Augenblick zusammen. Das ganze Leben, das Tobias und Sara fortan beginnen, wird ja allein im Zeichen einer solchen vom Glauben ermöglichten und gehaltenen Gemeinsamkeit Bestand gewinnen. Und um so deutlicher erscheint mithin das Wesentliche an den Erfahrungen der Brautnacht zwischen Tobias und Sara: daß Menschen erst von Gott her zueinander finden und die Angst der gegenseitigen Dämonisierung (oder Vergötterung) beseitigen können; daß sie erst von Gott her die mythische Welt der Geister und Gespenster aufsprengen können; und daß sie erst in Gott sich selbst als Menschen wahrnehmen und lieben lernen können. Oder, anders ausgedrückt: die gesamte Geschichte Israels, mit seinem Aufbruch aus der Welt der Gottkönige und der angstbesetzten Menschenversklavung, muß offenbar von jedem Menschen für sich selbst in seiner eigenen unvertauschbaren Biographie durchlebt und durchlitten werden, ehe er zum Maß seiner Freiheit und Menschlichkeit, ehe er zur Fähigkeit seiner Liebe gelangt. Im Glauben an Gott ist die Verselbständigung auch der „Sinnlichkeit" zu einer autonomen Schicksalsmacht beseitigt. Hebt sich die Angst im Glauben auf, so bleibt im Menschen nichts mehr übrig, was nicht von Grund auf menschlich wäre. Indem Gott ist, beginnt der Mensch zu sein.

Was sich im Schutze „Rafaels" in jener Nacht ereignet, kommt daher wirklich einem Wunder Gottes gleich, obwohl es doch zugleich die tiefste aller menschlichen Erfahrungen darstellt. Eine Frau wie Sara und ein Mann wie Tobias können nur auf eine Weise lieben, die vom Himmel ist – gewoben und erworben aus unzähligen Träumen, gestaltet wie in einer schwerelosen Zartheit und erlebt wie eine Durchgeistigung der Welt, wie eine Verschmelzung der Seele, die umhüllt ist von der Gnade Gottes, in der es kein „Unten" und kein „Oben", kein „Niedrig" und kein „Hoch", kein „Sinnliches" und „Geistiges" mehr gibt, sondern nur noch die Erfahrung, daß alles, die gesamte Existenz, von Gott her gut und angenommen ist in der Gegenwart und Verbundenheit mit dem Partner der Liebe. Es ist die Verschmelzung aller Träume mit der Wirklichkeit, das Ende der Tabuschranken der Angst, der Anfang eines Lebens jenseits der Elternbindung und der inneren Zerrissenheit. Man kann auch sagen: „Rafael" bedeutet, daß Gott die Liebenden beschützt und segnet und gegenwärtig wird im Herzen eines Menschen, der uns in seinem ganzen Dasein vermöge seiner Liebe zum Segen Gottes wird.

Das Folgende in der Geschichte des Tobit-Büchleins ist rasch erzählt und bedarf nur einer andeutenden Auslegung. Beachtenswert ist, wie Tobias nach den Worten Rafaels selber von sich aus, sogar gegen alle Einwände des Schwiegervaters Raguel, um die Hand Saras anhält (Tob 7, 9.12). Man kann den Charakter eines Menschen danach bewerten, wie kurz (oder lang) der Weg von einer richtigen Einsicht zur Tat ist; bei Tobias ist dieser Weg sehr kurz. Er hat die Wahrheit seiner Lebensweisung verstanden, und nun gibt es für ihn kein Zurück mehr; er hat seine eigene Bestimmung und Lebensausrichtung erkannt (Tob 6, 18), und entsprechend verhält er sich. Das Zögern Raguels, die Zwiespältigkeit seiner merkwürdigen Besorgnis um das Schicksal seines Schwiegersohns haben wir schon erörtert (Tob 8, 10); es zählt mit zu den entscheidenden Erfahrungen unserer Erzählung, daß Menschen beides zugleich und sogar das eine infolge des anderen sein können: treusorgende Väter und mitternächtliche Mörder, Liebende und Zerstörende, Gebende wie Verschlingende. Und der ganz lange Weg des Tobit-Büchleins gilt ja nur dem Versuch zu zeigen, daß vor Gott sogar dieses Widerspruchswesen unseres Menschseins Heilung und Ganzheit finden kann.

Wir können außer acht lassen, wie Rafael den ausstehenden „Geldbetrag" bei Gabael in Medien einholt und somit den eigentlichen Auftrag des greisen Tobit erfüllt (Tob 9, 5). Wenn wir nur tun, was in unserem eigenen Inneren von Gott her notwendig und richtungsweisend ist, so werden wir, lautet die Hoffnung dieses Textes, innerlich wie äußerlich „alles dabei bekommen", was wir brauchen (vgl. Mt 6, 33). Es mag sein, wir ziehen aus, um irgendein Geschäft abzuwickeln oder irgendeinen äußeren Ertrag einzubringen; aber plötzlich werden wir von innen her auf etwas gestoßen, das für uns selber wichtiger ist und wesentlicher; gingen wir dann daran vorbei, so würde uns am Ende auch der äußere Ertrag nicht sehr viel nutzen; wir blieben im Bild des Tobit-Büchleins krank und blind. Umgekehrt aber, wenn wir dem inneren Wink zum Wesentlichen folgen, so sehr, daß wir das ursprünglich Gemeinte darüber vielleicht sogar für eine ganze Zeit vergessen, so werden wir am Ende doch nicht viel vermissen; es wird uns vielmehr wie von selbst „geschenkt"; der „Engel Gottes" ist es, der das „Geld" von Gabael abholt. Wenn wir die Liebe lernen, werden wir wie nebenbei die eigenen verlorenen Schätze unserer Seele wiederfinden, die in der Kraft des eigenen Wesens liegen.

4. Die Rückkehr – das Ende der Entfremdung

Eine besondere Bedeutung hat in den Märchen und Mythen das Abschlußmotiv der *Heimkehr.* Es drückt die Rückkehr zu sich selbst aus, den Augenblick, da die Extreme sich vereinigen und der Prozeß der Selbstfindung zum Abschluß kommt. Begleitet von dem Bild der Heiligen Hochzeit, von der glücklichen Heimkehr der erlösten Braut, beschreibt es das Ende der langen mühsamen Entwicklung zu sich selbst[61]. Oft wird es sich dabei so zutragen, wie es diese Geschichte schildert. Unmittelbar, bevor der Weg innerer Heilung sich dem eigentlichen Ziele nähert, bricht noch einmal aus Ungeduld, Enttäuschung und in dem Gefühl zu langen Wartens ein Anfall hoffnungsloser Traurigkeit herein; gerade in dem Moment, wo objektiv das Heil zum Greifen nahe ist, erscheint es subjektiv, wie wenn endgültig nichts mehr zu erwarten wäre, wie wenn nun doch ganz sicher alles aus, vergebens und verloren wäre (Tob 10, 1–3). Dicht vor der rettenden Erlösung entsteht nicht selten ein Lebensgefühl, im Grunde alles falsch gemacht zu haben, als ob man alles hätte anders machen müssen, als ob man seinen „Sohn", diese symbolische Zentralgestalt eines eigenen Selbst und einer eigenen Hoffnung[62], unwiderruflich verloren hätte (Tob 10, 5.7). Man starrt in solchen Augenblicken wie Hanna, die Frau Tobits, unablässig auf einen Weg, auf dem nichts mehr einem entgegenzukommen scheint (Tob 10, 7), und doch bleibt im Inneren noch eine andere Stimme erhalten, die, wie der alte

Tobit, trotz allem nicht völlig verzweifeln will (Tob 10,6), wenngleich die Traurigkeit sich dadurch noch nicht auflöst.

Will man das Bild der „Heimkehr" inhaltlich vom subjektiven Erleben her auffüllen, so am besten mit den Worten, die sich allen aufdrängen, die bis dahin gekommen sind; alle mit sich ans Ziel Gelangten werden sagen: „Ich wundere mich selbst: ich tue jetzt dasselbe wie vor zehn oder mehr Jahren; im Grunde tue ich heute dasselbe wie damals, nur ohne Angst, von innen heraus, so daß ich selbst dabei bin. Was ich heute sage und tue, bin ich selber, es geht von mir aus und gehört mir; ich habe mir damals viele Fähigkeiten einfach unter dem Druck der anderen erworben, nur weil ich vor ihnen Angst hatte und mich ihren Wünschen anpassen wollte. Das brauche ich heute nicht mehr; aber was ich damals äußerlich gelernt habe, ist an sich nicht schlecht gewesen; ich kann es heute ganz gut gebrauchen, wenn ich es selbst mit meinem eigenen Leben ausfülle." Heimkehr bedeutet genau das: alles ist wieder wie zuvor, nur daß man jetzt, nach einem langen und gefahrvollen Weg, sich selbst darin zu Hause fühlen kann, daß man ein eigenes Leben dort beginnen kann, wo man zuvor nur Kind, nur Sklave, nur gelebtes Leben war.

Alles, was war, ist gut. Diese Entdeckung der „Heimkehr" ist in der Tat das, was die Augen öffnet (Tob 11,8.12.13). Man muß den Text schon ziemlich mißverstehen, um in dem Heilungswunder Tobits am Ende der Geschichte lediglich eine altorientalische Arztpraktik zu erblicken; denn nicht um ärztliche Kunst und um die Wirkmacht von Fischgalle geht es, sondern um Engelsweisung (Tob 11,7) und um Gottesheilung. Wenn sich in einem Übermaß der Not, des Leidens und des inneren Haders die Augen schließen mußten, dem öffnen sie sich erst im Anblick neuer Hoffnung. Das neue Sehen Tobits ist ein Bild für eine neue

Weltsicht, in der das eigene Leben sich selbst klarer, durchsichtiger und „ansehnlicher" werden kann. Man sieht im Zustand der „Heimkehr", daß selbst das bislang Nichtmitanzusehende doch einen Sinn besaß und gut war; man lernt, daß sich sogar das Leiden einfügt in eine tiefere Entwicklungslinie, in der nichts überflüssig und nur falsch gewesen ist; man lernt sich selber in dem Bild der „Rückkehr" wieder sehen, und es gibt nichts, wovor man künftig noch die Augen schließen müßte. Die Augen öffnen sich nach so viel Leid, Entfremdung, Qual und gutem Willen einem Menschen nur, um letztlich zu verstehen, daß auf dem Weg des eigenen Lebens Gott unser Leiter und Begleiter war (Tob 12, 15).

Dies ist der eigentliche Abschluß des Tobit-Büchleins wie des inneren Heilungsweges jedes Menschen, daß sich im eigenen Leben Gott enthüllt. Alles auf unserem Lebensweg sieht ja so zufällig und menschlich, allzumenschlich aus; vieles erscheint darin so nichtig, leer und sinnlos-schmerzhaft. Aber darauf kommt alles an: daß sich uns in all dem, was gewesen ist, am Ende die Augen öffnen für die geheime Führung Gottes, die uns in allem unvermerkt begleitet hat. Wir können diese Einsicht nicht ins vorhinein gewinnen – nach vorne geht es scheinbar nur um unsere eigenen Pläne; aber doch können wir von Fall zu Fall in uns die Stimme hören, die zu uns wie ein guter Freund weisend und lenkend redet; und indem wir die Angst besiegen, die uns an jeder Stelle neu den Lebensweg verstellt, werden wir bis ans Ziel, bis hin zur Einsicht Gottes kommen. Dann werden wir im Einklang mit uns selber sein, und unser eigenes Zuhause verwandelt sich in den Ort, da sich Gottes „Engel", Gott als Heiland, in der Kraft des eigenen Wesens zu erkennen gibt.

5. Die Heilung des Frommen und das Heil der Religion

Das Tobit-Büchlein beschreibt dieses Wunder unseres Lebens, wie wir gesehen haben, in Anknüpfung an die uralten Stoffe und Motive der Märchen und der Mythen aller Völker, nicht um zu sagen, der Weg unserer Heilwerdung sei selber etwas Märchenhaftes, Mythisches; im Gegenteil, die Welt der Angst, der mythischen Dämonisierung wird gerade in der Haltung des Glaubens, wie das Tobit-Büchlein sie beschreibt, durchbrochen. In den Tiefenschichten der menschlichen Seele, wo es um Heil und Unheil geht, muß offenbar einfach eine bestimmte regelmäßige Motivfolge erscheinen, um zu markieren, daß ein Mensch zu sich erwacht. Die Bilder, die den „Individuationsprozeß" (C. G. JUNG) beschreiben, sind im Menschen tief verankert. Das Tobit-Büchlein greift sie auf, um sie auf Gott hin durchsichtig zu machen. Diese Beziehung und diesen Unterschied gilt es zu begreifen. Psychoanalytisch z. B. könnte man in der Fischgalle, die Tobit die Augen öffnet, ein Gegenstück zu dem Vogelkot erkennen, der ihn erblinden läßt; waren die Vögel ein Symbol einer vereinseitigten Geistigkeit, so ließe sich die Fischgalle als ein Bild der Vitalität, des eigentlichen, inneren Lebens deuten. Im Tobit-Büchlein geht es aber nicht nur um die Vereinigung der menschlichen Psyche in ihrer Gegensätzlichkeit von Geist und Trieb, Bewußtem und Unbewußtem, sondern wesentlich um die Vereinigung des Menschen mit Gott, um die Beseitigung der Angst, die immer wieder den Menschen an seinen Lebensaufgaben hindert; diese Angst muß von Gott her gemeistert werden, um nicht in Zwietracht mit sich selber zu zerfallen. Es geht daher um die zutiefst innere Erfahrung, daß, wo ein Mensch zu seinem Heil gelangt, im letzten immer Gott am Werk ist, daß sich dem heilgewordenen Menschen die Augen dafür öffnen, daß es rückblickend immer Gott ist, der den Menschen heilt.

Das letzte Wort des Tobit-Büchleins ist daher ein Danklied, ein Gebet (Tob 13), und die Versicherung, daß sich Rechtschaffenheit und Lauterkeit von Gott her lohnen (Tob 14, 11). In keinem andern Buch des Alten Testaments hat Israel, wie wir gesehen haben, seine eigene Gefährdung in seiner Einsamkeit und Ausgesetztheit unter allen Völkern psychologisch so eindringlich geschildert wie im Buche „Tobit"; nirgendwo sonst hat es die innere Gefahr einer nur willentlichen und verstandesmäßig abgerungenen Treue zum Gesetz so mutig aufgegriffen wie in dieser Geschichte. Es hat in dieser Erzählung den Mut besessen, die drohende Versteinerung des Frommen im Alter und die tödliche Lebensangst des Frommen in der Jugend einander gegenüber zu stellen und beide in einer solchen Aporie zu beschreiben, daß es in der Tat einem Wunder gleichzukommen schien, wenn sich zwischen beiden Extremen ein Weg der Entwicklung, ein Prozeß innerer Heilung, eine Verbindung zwischen Altem und Neuem, zwischen Alter und Jugend, zwischen Vätertradition und Zukunft, zwischen Glauben und Wirklichkeit herstellen ließ. Um so deutlicher hebt sich auf diesem dunklen Hintergrund die gültige Erfahrung ab, die die Tragödien und Seelenqualen der Frömmigkeit besänftigt: die Zuversicht und die Gewißheit, daß Gott, wenn wir ihm nur treu bleiben, am Ende uns erscheinen wird als „Rafael", als „Gott, der heilt". Und das Maß unseres Glaubens wird dann zum Maßstab unserer Menschlichkeit und unserer Fähigkeit, zu lieben.

Dieser Trost bleibt für Tobit, bleibt für Israel und bleibt für jeden an Gott Glaubenden. Der Glaube steht in einer Welt, die sich vollkommen von Gott abgewandt hat, gerade bei den Rechtgesinnten in der ständigen Gefahr, zum Zerrbild bloßer Sturheit und Rechthaberei, zu einem furchtbaren System neurotischer Ängste und tödlicher Lebenseinengungen, zu einem Inbegriff für menschliche Zerrissenheit und Selbstentfremdung zu erstarren. Das Tobit-Büchlein gibt die Überzeugung wieder, daß es auch menschlich lohnt, an Gott zu glauben, ja, daß die ganze Menschlichkeit den tiefsten Grund darin besitzt, daß Gott ist und dem Glaubenden erscheint als ein Gefährte seines Lebens. Keine Anfechtung, keine Traurigkeit, kein Kampf und keine Not bleiben dem Glaubenden erspart; aber es lohnt sich, auszuharren und den „Engel" Gottes zu erwarten.

So hat Israel uns in einer Stunde äußerster seelischer Not und Zerrissenheit eine Vision hinterlassen, die ewig gültig bleibt, wo Menschen gerade in ihrem Bemühen um die Wahrheit auf dem Wege Gottes nicht mehr ein noch aus wissen. Indem es in der Sprache der Märchen davon erzählt, wie die Frommen erlöst werden können von ihrer angstbesetzten Frömmigkeit, eröffnet es den Raum für eine wirklich „märchenhafte" Sicht des Menschen. Insbesondere für die Christen unter den auf Gott Vertrauenden ist es ein verlockender Gedanke, in der Gestalt ihres Erlösers so etwas zu sehen wie die Erfüllung der Gestalt des „Engels" Rafael, das Vorbild und die Verwirklichung eines Menschseins, in dem der Himmel die Erde berührt und die Gegensätze verschwinden. Jedenfalls sind die Bilder des Erlösungweges Christi in archetypischer Entsprechung die gleichen wie im Tobit-Büchlein: das Bad im Fluß und die Gefahr, im Fischbauch umzukommen, beziehen sich im Leben Jesu auf die symbolische Bedeutung von Taufe, Tod und Auferstehung, wobei der Fischrachen dann, wie am Portal gotischer Kathedralen, als das Maul der Unterwelt verstanden werden muß; als die von einem bösen Geist verwirrte Jungfrau erscheint im Leben Christi die gesamte Menschheit, die erst mit den Insignien des Todeskampfes des Erlösers ihre verlorene Freiheit, Menschlichkeit und Schönheit wiederfindet; im Zeichen des Fisches, den die frühen Christen als Bekenntnissymbol ihres Glaubens verstanden, werden der ganzen Menschheit dann die Augen dafür aufgetan, daß nicht in ihrem eigenen Tun, sondern allein in Gott die Macht liegt, die Angst aller Menschen zu besiegen. Daß Gott das Heil ist, davon leben wir. Für uns heutige Christen indessen, die wir, ähnlich wie die Juden der Diaspora, in eine Welt hineingestoßen werden, für die der Glaube zunehmend nicht vorbildlich, sondern nur lächerlich erscheint, die wir, wie Tobit und wie Sara, uns schwertun, gerade im Bekenntnis zu Gott nicht als Menschen zu verkümmern, möge die Botschaft, die das Tobit-Büchlein hinterläßt, als bleibendes Bekenntnis und Vermächtnis gelten: in jedem Menschenleben, das, so innerlich gebrochen immer, Gott treu zu bleiben sucht, wird Gott selbst jenseits aller Angst still, unauffällig und meist erst im nachhinein bemerkbar auch menschlich unser Heil und unsere Heilung wirken. Zwischen Selbstfindung und Glauben, zwischen Psychotherapie und Religion ist letztlich kein Unterschied, indem das eine in dem anderen wurzelt[63]. Nur: wie lang ist der Weg für jede „alte" Religion, zu ihrer „Jugend" hinzufinden und gegen ihre eigene Starrheit die Liebe neu zu lernen?

Tobit

Eine biblische Legende

1 Buch der Geschichte Tobits, des Sohnes Tobiels, des Sohnes Hananels, des Sohnes Aduels, des Sohnes Gabaels, aus dem Geschlecht Asiel, aus dem Stamm Naftali. ²In den Tagen Salmanassars, des Königs der Assyrer, wurde er in die Gefangenschaft weggeführt aus Tisbe, das südlich von Kedesch Naftali in Obergaliläa, oberhalb von Hazor, westlich davon, und nördlich von Zefat liegt.

³ Ich, Tobit, wandelte alle Tage meines Lebens auf den Wegen der Wahrheit und in guten Werken. Ich spendete reichliche Almosen meinen Brüdern und dem Volk, die zusammen mit mir in das Land der Assyrer, nach Ninive, gezogen waren. ⁴ Als ich noch in meiner Heimat, im Lande Israel, weilte – ich war damals noch jung –, war der ganze Stamm Naftali, meines Vaters, vom Hause Davids und von Jerusalem abgefallen, das doch aus allen Stämmen Israels auserwählt war, damit alle Stämme dort opfern sollten. Der Tempel, die Wohnung Gottes, war geheiligt und erbaut für alle Geschlechter auf ewig. ⁵ Alle meine Brüder und das Haus Naftali opferten dem Kalb, das Jerobeam, der König von Israel, zu Dan, auf den Bergen Galiläas, aufgestellt hatte. ⁶ Ich ganz allein wallfahrte oft an den Festtagen nach Jerusalem, wie es ganz Israel durch ein ewiges Gesetz vorgeschrieben ist, mit den Erstlingen der Früchte und Tiere, dem Zehnten des Viehs und der ersten Schafschur. ⁷ Ich übergab sie den Priestern, den Söhnen Aarons, für den Opferaltar. Den Zehnten von Wein und Korn, von Oliven, Granatäpfeln und anderen Früchten gab ich den Söhnen Levis, die in Jerusalem Dienst taten. Den zweiten Zehnten verkaufte ich sechs Jahre hintereinander, ging hin und verbrauchte ihn in Jerusalem. ⁸ Den dritten gab ich den Waisen, Witwen und Fremdlingen, die mit den Israeliten leben; ihnen schenkte ich ihn alle drei Jahre. Wir verzehrten ihn, getreu den Vorschriften des Gesetzes Moses und zugleich den Ermahnungen Deboras, der Mutter Hananels, unseres

Vaters; denn mein Vater war gestorben und hatte mich als Waisen zurückgelassen. [9] Als ich ein Mann geworden war, nahm ich eine Frau aus unserem väterlichen Geschlecht, die Hanna hieß; sie schenkte mit einen Sohn, den ich Tobias nannte.

[10] Als ich bei der Verbannung nach Assyrien gefangen fortgeführt worden war, kam ich nach Ninive. Alle meine Brüder und die Angehörigen meines Geschlechtes aßen von der Nahrung der Heiden. [11] Ich hütete mich aber, von der Nahrung der Heiden zu essen. [12] Da ich mit meinem ganzen Herzen meinem Gott treu war, [13] schenkte mir der Allerhöchste die Gunst Salmanassars, so daß ich sein Einkäufer wurde. [14] Ich reiste nach Medien, wo ich bis zu seinem Tode für ihn einkaufte, und hinterlegte bei Gabael, dem Bruder des Gabrija, zu Rages in Medien zehn Talente Silber.

[15] Als Salmanassar starb, wurde sein Sohn Sanherib an seiner Stelle König. Die Wege nach Medien wurden unsicher, so daß ich nicht mehr dorthin reisen konnte. [16] In den Tagen Salmanassars gab ich meinen Brüdern reichliche Almosen. [17] Mein Brot gab ich den Hungernden und Kleider den Nackten. Wenn ich jemand aus meinem Geschlechte tot erblickte und hingeworfen hinter die Mauer Ninives, begrub ich ihn. [18] Ich begrub auch diejenigen, die Salmanassar tötete (nach seiner fluchtartigen Rückkehr aus Judäa, als der König des Himmels den Lästerer bestraft hatte, tötete Sanherib in seinem Zorn viele Israeliten). Da nahm ich heimlich die Leichname, um sie zu begraben. Wenn sie dann vom König gesucht wurden, fand man sie nicht. [19] Nun ging aber einer der Niniviten hin und machte dem König über mich Anzeige, daß ich es sei, der sie heimlich begrabe. Als ich bemerkte, daß der König über mein Tun unterrichtet war und mich zur Hinrichtung suchte, ergriff ich voller Furcht die Flucht. [20] Da wurde all mein Vermögen geraubt,

alles wurde für den Staatsschatz beschlagnahmt, und außer meiner Frau Hanna und meinem Sohn Tobias blieb mir nichts übrig.

21 Doch vergingen keine vierzig Tage, bis seine beiden Söhne ihn ermordeten. Dann flohen sie ins Gebirge Ararat. An seiner Stelle wurde sein Sohn Asarhaddon König. Er bestellte Achikar, den Sohn meines Bruders Hanael, über den ganzen Reichshaushalt und die ganze Verwaltung. 22 Achikar legte für mich Fürsprache ein, so daß ich nach Ninive zurückkehren durfte. Achikar aber war Obermundschenk und Siegelbewahrer, Kanzler und Vorsteher des Staatshaushaltes. Asarhaddon hatte in seinen Ämtern behalten. Er war aus meiner Verwandtschaft, er war mein Neffe.

2 Unter der Regierung Asarhaddons kehrte ich also in mein Haus zurück, und Hanna, meine Frau, und mein Sohn Tobias waren mir zurückgegeben. An unserem Pfingstfest (dem Wochenfest) gab es ein gutes Mahl. Ich setzte mich nieder, um zu essen. 2 Man setzte mir das Mahl vor und brachte mir verschiedene Gerichte. Da sprach ich zu meinem Sohn: „Geh hin, mein Kind, und wen immer du von unseren nach Ninive weggeführten Brüdern, der treuen Herzens ist, bedürftig findest, bring ihn herein, um an meinem Mahle teilzuhaben. Siehe, ich warte auf dich, mein Kind!" 3 Tobias ging also, um einen Armen unter unseren Brüdern zu suchen, aber er kam zurück und sprach: „Vater!" Ich antwortete: „Nun, mein Kind?" Er sagte: „Vater, einer aus unserem Volk wurde ermordet, erwürgt, dann auf den Marktplatz geworfen, und dort liegt er noch." 4 Da stand ich auf, bevor ich noch gegessen hatte, hob den Mann vom Markt auf und trug ihn in ein Haus, bis die Sonne untergegangen sei, um ihn dann zu begraben. 5 Nach meiner Rückkehr wusch ich mich und aß mein Brot in Trauer. 6 Ich

dachte an die Worte des Propheten Amos über Bet-El: „Eure Feste werden in Trauer verwandelt und all euer Jauchzen in Klagegesang." Da weinte ich. [7] Nach Untergang der Sonne ging ich hin, machte ein Grab und begrub ihn. [8] Die Nachbarn spotteten und sprachen: „Er hat keine Furcht mehr." (Man muß sich daran erinnern, daß auf meinen Kopf deswegen ein Preis ausgesetzt war.) „Das erste Mal mußte er fliehen, und siehe, schon wieder begräbt er die Toten!"

[9] In der gleichen Nacht nahm ich ein Bad, ging in den Hof und legte mich an der Mauer des Hofes schlafen. Da es warm war, hatte ich mein Gesicht nicht bedeckt. [10] Ich wußte nicht, daß über mir Spatzen in der Mauer waren. Warmer Kot fiel in meine Augen. Es entstanden weiße Flecken, die ich von den Ärzten behandeln lassen mußte. Je mehr Salben sie anwendeten, desto mehr machten mich die Flecken blind, und zuletzt war die Blindheit vollständig. Vier Jahre lang blieb ich ohne Augenlicht, alle meine Brüder waren darüber tief bekümmert. Achikar jedoch sorgte zwei Jahre lang für meinen Unterhalt, bis er nach Elymais ging.

[11] Da fertigte meine Frau Handarbeiten an, sie spann Wolle und bekam Linnen zu weben; [12] sie lieferte auf Bestellung, und man zahlte ihr den Lohn. Nun vollendete sie am siebten März ein Stück und übergab es den Auftraggebern. Diese bezahlten ihr alles, was sie schuldig waren, und schenkten dazu ein Böcklein. [13] Als es zu mir kam, fing es an zu meckern. Da rief ich meine Frau und sprach zu ihr: „Woher ist das Böcklein? Ist es etwa gestohlen? Gib es den Herren zurück! Denn es ist unerlaubt, Gestohlenes zu essen." [14] Sie aber erwiderte: „Es wurde mir geschenkweise zum Lohn hinzugegeben." Ich glaubte ihr aber nicht und befahl, es den Herren zurückzubringen. (Dabei wurde ich rot vor Zorn gegen sie.) Sie aber antwortete und sprach zu

mir: „Wo sind deine Almosen und gerechten Taten? Siehe, es ist alles offenbar an dir!"

3 Da seufzte und weinte ich voller Betrübnis und begann dieses Klagegebet: ²„Gerecht bist du, Herr! Alle deine Werke sind gerecht, und deine Wege sind Barmherzigkeit und Treue. Du bist der Richter der Welt. ³Und nun, Herr, gedenke du meiner und schau auf mich! Züchtige mich nicht nach meinen Sünden und Vergehen und nach denen meiner Väter. Denn wir haben vor dir gesündigt ⁴und deine Gebote verletzt. Da gabst du uns preis zu Plünderung, Gefangenschaft und Tod, zu Gerede, Gespött und zum Vorwurf für alle Völker, unter die du uns zerstreut hast. ⁵Nun sind alle deine Gerichte wahr, so daß du sie an mir vollziehen konntest um meiner Sünden und jener meiner Väter willen. Denn wir haben deine Gebote nicht beobachtet und wandelten nicht in Wahrheit vor dir. ⁶Verfahre nun mit mir nach deinem Wohlgefallen! Befiehl, meinen Geist fortzunehmen, damit ich sterbe und zu Erde werde! Denn es ist für mich besser zu sterben als zu leben, da ich verleumderische Schmähungen hören mußte und große Traurigkeit in mir ist. Herr, ich warte, daß deine Entscheidung mich erlöst von dieser Not. Laß mich hingehen zum ewigen Ort! Wende, o Herr, dein Antlitz nicht von mir ab! Denn besser ist es zu sterben, als zu leben angesichts eines unerbittlichen Übels; ich bin es müde, daß ich Schmähung hören muß."

⁷Am gleichen Tage begegnete es Sara, der Tochter Raguels zu Ekbatana in Medien, daß auch sie von einer Magd ihres Vaters verhöhnt wurde. ⁸Denn sie war schon sieben Männern zur Frau gegeben worden. Aber der böse Dämon Aschmodai hatte sie getötet, bevor sie mit ihr eheliche Gemeinschaft gepflogen hatten. Und die Magd sprach zu ihr:

„Ja, du bist es, du tötest deine Männer! Schon sieben hattest du, und mit keinem einzigen hast du Glück gehabt. [9] Was schlägst du uns? Wenn sie dahinstarben, geh doch mit ihnen! Wir wollen in Ewigkeit einen Sohn oder eine Tochter von dir nicht sehen!" [10] Als sie es vernahm, wurde sie sehr niedergeschlagen, sie weinte und ging in das Zimmer ihres Vaters, um sich zu erhängen. Doch dann dachte sie nach: „Soll man meinen Vater schmähen? Man wird zu ihm sagen: ‚Du hattest nur eine geliebte Tochter, und die hat sich zum Unglück erhängt.' Ich will meinem Vater keinen Kummer bereiten, der ihn in seinem Alter ins Totenreich brächte. Ich will mich lieber nicht erhängen, sondern den Herrn bitten, mich sterben zu lassen, damit ich während meines Lebens keinen Hohn mehr höre."

[11] Da breitete sie am Fenster die Arme aus und betete: „Gepriesen seist du, Gott der Barmherzigkeit! Gepriesen sei dein Name in Ewigkeit! Alle deine Werke sollen dich preisen in Ewigkeit! [12] Nun, Herr, habe ich mein Antlitz erhoben und meine Augen auf dich gerichtet. [13] Befiehl, mich von der Erde abzuberufen, daß ich keine Schmähung mehr hören muß! [14] Du weißt, Herr, daß ich frei von jeder Sünde mit einem Mann bin [15] und daß ich weder meinen Namen noch den Namen meines Vaters im Lande meiner Gefangenschaft befleckt habe. Die einzige Tochter meines Vaters bin ich. Ihm bleibt kein anderes Kind, das ihn beerben kann, noch ein naher Verwandter; noch auch hat dieser einen Sohn, dem ich mich als Gattin erhalten müßte. Schon sieben sind mir verlorengegangen. Wozu dient mir noch das Leben? Wenn es dir aber nicht gefällt, mich zu töten, befiehl, auf mich herabzuschauen und sich meiner zu erbarmen, daß ich keine Schmähung mehr hören muß!"

[16] Diesmal wurde das Gebet beider vor der Herrlichkeit Gottes erhört. [17] Rafael wurde gesandt, beide zu heilen, die wei-

ßen Flecken von Tobits Augen abzuschälen, auf daß er mit seinen Augen das Licht Gottes sähe, und Sara, die Tochter Raguels, Tobias, dem Sohne Tobits, zur Frau zu geben und sie vom bösen Dämon Aschmodai zu befreien. Denn Tobias hatte vor allen anderen Bewerbern ein Recht, sie zu besitzen. Zu gleicher Zeit kehrte Tobit zurück und betrat sein Haus; Sara aber, die Tochter Raguels, stieg aus ihrem Obergemach herab.

4 An jenem Tage erinnerte sich Tobit des Geldes, das er bei Gabael zu Rages in Medien hinterlegt hatte. ²Er sprach bei sich: „Ich habe mir den Tod gewünscht. Warum rufe ich nicht meinen Sohn Tobias, um ihm von dieser Geldsumme Mitteilung zu machen, bevor ich sterbe?" ³Dann ließ er seinen Sohn Tobias zu sich kommen und sprach: „Wenn ich sterbe, begrabe du mich, wie es sich ziemt! Ehre deine Mutter! Verlaß sie keinen Tag deines Lebens! Tue, was ihr gefällt, und betrübe sie nicht! ⁴Bedenke, Kind, sie hat deinetwegen viele Gefahren erduldet, als du im Mutterschoß warst! Wenn sie stirbt, bestatte sie neben mir in meinem Grabe! ⁵Kind, sei alle Tage dem Herrn treu! Sündige nicht und übertritt nicht seine Gebote! Tue Gutes alle Tage deines Lebens und wandle nicht die Pfade der Ungerechtigkeit! ⁶Denn wenn du in der Wahrheit handelst, wird all deinen Werken Gelingen zuteil wie allen, die Gerechtigkeit üben. ⁷Gib Almosen von deinem Vermögen! Wende dein Antlitz von keinem Armen ab! Dann wird sich Gottes Antlitz nicht von dir abwenden. ⁸Wenn du Vermögen besitzest, gib entsprechend der Größe davon Almosen! Wenn du viel hast, gib mehr; wenn du wenig besitzest, gib weniger, aber zögere nicht, Almosen zu geben. ⁹So sammelst du einen schönen Schatz für die Zeit der Not. ¹⁰Denn Almosen errettet vom Tode und läßt nicht in die Finsternis

eingehen. ¹¹ Eine gute Opfergabe ist nämlich vor dem Allerhöchsten ein Almosen für alle, die es geben.

¹² Hüte dich, Kind, vor jeder Unzucht! Vor allem nimm eine Frau aus dem Geschlecht deiner Väter! Nimm kein fremdes Weib, das nicht dem Stamm deines Vaters angehört! Denn Söhne von Propheten sind wir. Noach, Abraham, Isaak und Jakob, unsere Väter von Ewigkeit her – bedenke es, mein Kind –, sie alle nahmen Frauen aus ihren eigenen Brüdern und wurden in ihren Kindern gesegnet. Ihre Nachkommenschaft wird das Land erben. ¹³ Nun, Kind, liebe deine Brüder und erhebe dich nicht übermütig über deine Brüder und die Söhne und Töchter deines Volkes, so daß du dir aus ihnen keine Frau nimmst! Denn im Hochmut liegt viel Verderben und Unruhe, und im Müßiggang große Entbehrung und Not. Der Müßiggang ist ja die Mutter des Hungers.

¹⁴ Keines Arbeiters Lohn bleibe über Nacht bei dir, sondern zahle ihm denselben sofort aus! Wenn du Gott dienst, wird es dir vergolten werden! Achte auf dich selbst, Kind, in all deinen Werken, und sei wohlerzogen in deinem ganzen Wandel! ¹⁵ Was du verabscheust, tu keinem anderen an! Wein trinke nicht bis zur Trunkenheit, und die Trunkenheit gehe nicht mit dir auf deinem Wege! ¹⁶ Von deinem Brot gib den Hungernden und von deinen Kleidern den Nackten! Alles, was du im Überfluß hast, gib als Almosen, und dein Auge sei nicht neidisch, wenn du Almosen gibst! ¹⁷ Schütte deinen Wein und deine Brote auf das Grab der Gerechten und gib sie nicht den Sündern! ¹⁹ Und allezeit preise Gott, den Herrn, und von ihm erbitte, daß deine Wege gerade seien und all deine Pfade und Absichten guten Erfolg haben! Denn die Weisheit wird nicht jedem Volk gegeben, der Herr selbst gibt alles Gute. Wen er will, erhöht er oder erniedrigt er bis auf den Grund des Totenreiches. Nun, Kind, gedenke meiner Weisungen! Sie sollen aus deinem Herzen nicht getilgt werden!

²¹Nun, Kind, mache ich dir Mitteilung von den zehn Talenten Silber, die ich bei Gabael, dem Sohn des Gabrija, zu Rages in Medien hinterlegt habe. ²¹Ängstige dich nicht, Kind, daß wir arm geworden sind! Du besitzest viel, wenn du Gott fürchtest, dich fernhältst von jeder Sünde und das tust, was dem Herrn, deinem Gott, wohlgefällt!"

5 Da antwortete Tobias seinem Vater Tobit: „Vater, ich will alles tun, was du mir befohlen hast. ²Aber wie kann ich von ihm das Geld erheben, da er mich nicht kennt und ich ihn auch nicht kenne? Welches Erkennungszeichen soll ich ihm geben, daß er mir glaubt und mir das Geld zurückgibt? Außerdem kenne ich nicht den Weg, den ich bei dieser Reise nach Medien einschlagen muß." ³Da antwortete Tobit seinem Sohn Tobias: „Wir haben unsere Unterschriften auf einer Urkunde gewechselt, und ich habe sie in zwei Hälften geteilt, damit jeder von uns eine erhalte. Eine Hälfte habe ich mitgenommen, die andere zum Geld gelegt. Zwanzig Jahre sind es nun schon her, daß ich dieses Geld hinterlegt habe. Nun, Kind, suche dir einen zuverlässigen Reisebegleiter, der auf unsere Kosten lebe bis zu deiner Rückkehr, und geh dann hin, um das Geld bei Gabael zu holen."

⁴Tobias ging hinaus, um einen guten Führer zu suchen, der mit ihm nach Medien zu reisen vermochte. Draußen fand er Rafael, den Engel, vor sich stehen (ohne zu wissen, daß dieser ein Engel Gottes war). ⁵Er sprach zu ihm: „Woher bist du, Freund?" Der Engel antwortete: „Ich bin einer von den Israeliten, deinen Brüdern, ich bin hergekommen, Arbeit zu suchen." Tobias sprach zu ihm: „Kennst du den Weg nach Medien?" ⁶Jener antwortete: „Gewiß doch! Mehrere Male bin ich dort gewesen, und alle Wege dorthin habe ich im Kopf. Ich bin oft nach Medien gegangen und bei Gabael,

einem unserer Brüder, der zu Rages in Medien wohnt, aufgenommen worden. Von Ekbatana nach Rages braucht man
zwei gewöhnliche Tagreisen; Rages liegt im Gebirge, Ekbatana mitten in der Ebene." [7] Tobias sprach zu ihm: „Warte
auf mich, Freund! Ich will meinen Vater benachrichtigen;
ich möchte, daß du mit mir kommst, und werde dir deine
Tage bezahlen." [8] Jener antwortete: „Gut, ich warte. Aber
bleib nicht zu lange!"

[9] Tobias ging seinen Vater benachrichtigen, daß er einen ihrer israelitischen Brüder gefunden hätte. Der Vater sagte:
„Stell ihn mir vor, daß ich seine Familie und seinen Stamm
erfahre. Man muß sehen, ob er zuverlässig ist, dich zu begleiten, Kind." Tobias ging hinaus, um ihn zu rufen:
„Freund, mein Vater fragt nach dir." [10] Der Engel trat in das
Haus. Tobit begrüßte ihn zuerst, und jener antwortete ihm
mit Segenswünschen. Da sprach Tobit: „Vermag ich noch
Glück zu erfahren? Ich bin ein Blinder, den Himmelsglanz
sehe ich nicht mehr, in Finsternis bin ich getaucht wie die
Toten, die das Licht nicht mehr sehen. Lebendig bin ich begraben, ich höre die Stimme der Menschen, ohne sie zu sehen." Der Engel sprach zu ihm: „Habe Vertrauen! Gott wird
nicht zögern, dich zu heilen. Habe Vertrauen!" Tobit
sprach zu ihm: „Mein Sohn Tobias will nach Medien reisen.
Willst du ihn als Führer begleiten? Ich werde es dir lohnen,
Bruder!" Er antwortete: Ich will ihn begleiten, ich kenne
alle Wege, ich bin oft nach Medien gegangen, alle Ebenen
und Gebirge habe ich durchzogen und kenne alle Pfade."
[11] Tobias sprach: „Bruder, aus welcher Familie und welchem
Stamm bist du? Willst du es mir angeben, Bruder?" [12] „Was
kümmert dich mein Stamm?" „Ich möchte gern deine Herkunft und deinen Namen kennenlernen." [13] Er aber sprach:
„Ich bin Asarja, der Sohn des großen Hananja, von deinen
Brüdern." [14] Da antwortete er ihm: „Sei willkommen, Bruder! Zürne mir nicht, daß ich deinen Stamm und deine Fa-

milie kennenzulernen suchte! Du bist doch mein Bruder aus angesehenem und gutem Geschlecht. Ich lernte näm- lich den Hananja und Natan, die Söhne des großen Schimi, gut kennen, da wir gemeinsam nach Jerusalem zogen, um anzubeten; sie haben den rechten Weg nicht verlassen. Deine Brüder sind ehrenwerte Männer, aus einem guten Stamm bist du. Sei mir willkommen!"

[15] Dann fuhr er fort: „Das soll dein Lohn sein: eine Drachme täglich sowie den ganzen Lebensunterhalt für dich wie für meinen Sohn. Reise also mit meinem Sohn, [16] und ich will dir noch über den vereinbarten Lohn hin- aus geben." Der Engel antwortete: „Ich mache die Reise mit ihm. Fürchte nichts! Unsere Hinreise wird gut verlau- fen und so auch unsere Rückkehr, weil der Weg sicher ist." [17] Tobias sprach zu ihm: „Sei gesegnet, Bruder!" Dann sprach er zu seinem Sohn: „Mach dich reisefertig, Kind! Reise mit deinem Bruder! Gott aber, der im Himmel wohnt, beschütze euch hienieden und führe euch sicher und gesund zu mir! Sein Engel begleite euch zum Schutz, mein Kind!" Tobias ging hinaus, um die Reise zu begin- nen. Er umarmte seinen Vater und seine Mutter. Tobit sagte zu ihm: „Gute Reise!" [18] Seine Mutter aber weinte und sprach zu Tobit: „Warum hast du mein Kind fortge- schickt? War er nicht der Stab unserer Hand, da er vor uns ein- und ausging? [19] Ich hoffe, daß das Geld nicht allem vorgeht, sondern daß es im Vergleich zu unserem Kind nicht zählt. [20] Denn wie es uns vom Herrn zu leben gege- ben ward, so genügte es uns." [21] Da antwortete ihr Tobit: „Mach dir keine Sorge! Unser Sohn bricht wohlbehalten auf, er wird auch wohlbehalten wieder nach Hause zurück- kehren. Am Tage, da er heimkehrt, werden deine Augen sehen, daß es immer sehr gut geht. Mach dir keine Sorgen und ängstige dich nicht um sie, meine Schwester! [22] Denn ein guter Engel reist mit ihm, seine Fahrt wird glücklich

verlaufen, und er wird gesund heimkehren." ²³ Da hörte
sie auf zu weinen.

6 Der Jüngling brach mit dem Engel auf, und der Hund
folgte hinterher. ²Sie zogen alle beide ihres Weges und
kamen am ersten Abend an den Fluß Tigris, wo sie übernachteten. ³Der Jüngling stieg zum Fluß hinab, um seine
Füße zu baden. Da schnellte ein Fisch aus dem Wasser em-
por und drohte seinen Fuß zu verschlingen. Der Bursche
schrie auf, ⁴aber der Engel sprach zu ihm: „Ergreife den
Fisch und laß ihn nicht los!" Da packte der Jüngling den
Fisch und warf ihn ans Land. ⁵Dann sprach der Engel zu
ihm: „Zerschneide den Fisch! Nimm Herz, Leber und Galle
und bewahre sie sorgfältig auf, die Eingeweide aber wirf
weg; denn Herz, Leber und Galle sind nützliche Arznei."
⁶Der Jüngling öffnete den Fisch und hob Herz, Leber und
Galle auf. Etwas Fisch brieten sie zum Essen und behielten
das andere zum Einsalzen. Dann wanderten beide weiter,
bis sie sich Medien näherten. ⁷Da sprach der Jüngling zum
Engel: „Bruder Asarja, wozu dienen Leber, Herz und Galle
des Fisches?" ⁸Er antwortete ihm: „ Was Herz und Leber an-
geht, so muß man damit vor dem Mann oder der Frau räu-
chern, falls sie ein Dämon oder böser Geist plagt. Jede Art
böser Bedrängnis verschwindet für immer, ohne auch nur
eine Spur zu hinterlassen. ⁹Was aber die Galle betrifft, so
dient sie als Augensalbe, wenn man weiße Flecken in den
Augen hat. Man braucht nur auf die Flecken zu blasen, um
sie zu heilen."
¹⁰Sie zogen durch Medien und nahten sich schon Ekbatana,
¹¹als Rafael zum Jüngling sprach: „Bruder Tobias!" Der antwortete: „Ja?" Der Engel erwiderte: „Heute werden wir bei
Raguel übernachten. Er ist dein Verwandter und hat eine
Tochter namens Sara. ¹²Aber außer Sara hat er weder Sohn

noch Tochter. Nun bist du ihr nächster Verwandter, dir kommt sie zuerst zu, und du kannst das Erbe ihres Vaters beanspruchen. Das Mädchen ist aufrichtig, beherzt und anmutig, und ihr Vater liebt sie sehr. [13] Du hast das Recht, sie zu nehmen. Nun höre auf mich! Ich will über das Mädchen mit ihrem Vater sprechen, daß er sie von heute abend an für dich als Braut bewahrt. Wenn wir dann aus Rages zurückkehren, feiern wir Hochzeit. Denn ich weiß gewiß, daß Raguel gar kein Recht hat, sie dir zu verweigern oder einem anderen anzutrauen. Nach den Bestimmungen im Gesetz des Mose würde er des Todes schuldig, sobald er weiß, daß die Verwandtschaft dir vor allen anderen das Recht gibt, seine Tochter als Frau zu nehmen. Höre also auf mich, Bruder! Heute abend sprechen wir über das junge Mädchen und stellen den Heiratsantrag. Nach der Rückkehr aus Rages nehmen wir sie dann, um sie mit uns zu dir nach Hause zu führen." [14] Tobias antwortete Rafael: „Bruder Asarja, ich habe mir sagen lassen, daß sie schon siebenmal zur Ehe gegeben wurde; jedesmal aber ist ihr Mann im Brautgemach gestorben. Er starb am Abend, da er in ihr Gemach eintrat, und ich hörte die Leute reden, ein Dämon habe sie getötet. [15] So habe ich nun etwas Angst bekommen. Ihr tut er nichts, weil er sie liebt; aber sobald einer sich ihr nahen will, tötet er ihn. Ich bin der einzige Sohn meines Vaters und möchte nicht sterben, denn ich will nicht meinen Vater und meine Mutter aus Gram um mich ins Grab bringen. Sie haben keinen anderen Sohn, der sie begraben könnte." [16] Der Engel aber sprach zu ihm: „Bedenkst du nicht die Worte, die dein Vater dir aufgetragen hat, du solltest eine Frau aus dem Hause deines Vaters heiraten? Nun höre auf mich, Bruder! Sie wird deine Frau werden. Um den Dämon mache dir keine Sorge! Denn in dieser Nacht wird sie dir zur Frau gegeben. [17] Wenn du das Brautgemach betrittst, nimm die Leber und das Herz des Fisches und lege etwas davon auf die Räucherkohlen. Der Rauch wird sich verbreiten, [18] der Dämon wird ihn riechen und fliehen, und es besteht keine Gefahr, daß man ihn je wieder bei dem jungen Mädchen antrifft. Sobald du dich ihr nahest, erhebt euch beide zuerst zum Gebet. Bittet den Herrn des Himmels, euch seine Gnade und seinen Schutz zu gewähren. Fürchte dich nicht! Denn dir ist sie von Ewigkeit her bestimmt. Du sollst sie erretten. Sie wird mit dir ziehen. Ich glaube bestimmt, daß du von ihr Kinder erhalten wirst, die dir wie Brüder sein werden. Zögere nicht!" Und als Tobias Rafael reden hörte, er wüßte, daß Sara seine Schwester sei, eine Verwandte der Familie seines Vaters, da liebte er sie so sehr, daß er sein Herz nicht mehr von ihr abwenden konnte.

7 Sie kamen nach Ekbatana, und Tobias sagte: „Bruder Asarja, führe mich geradewegs zu unserem Bruder Raguel." Er führte ihn zum Haus Raguels, den sie in der Tür des Hofes sitzend antrafen. Sie begrüßten ihn zuerst, und er antwortete: „Ich begrüße euch, Brüder, seid willkommen." Dann führte er sie in das Haus. [2] Da sprach Raguel zu seiner Frau Edna: „Wie ähnlich ist der Jüngling meinem Vetter Tobit!" [3] Dann fragte Edna sie, woher sie seien, und sie antworteten ihr: „Von den Söhnen Naftalis, die in Ninive gefangen sind." [4] Dann sprach er zu ihnen: „Kennt ihr unseren Bruder Tobit?" Sie antworteten: „Wir kennen ihn." [5] Er fragte sie: „Ist er gesund?" Sie antworteten: „Er lebt und ist gesund." Dann sagte Tobias: „Er ist mein Vater." [6] Da sprang Raguel auf, küßte ihn und weinte. [7] Er sprach zu ihm und sagte: „Sei gesegnet, Kind! Du bist der Sohn eines edlen Mannes! Welches Unglück, daß ein so gerechter und wohltätiger Mann blind geworden ist!" Er fiel seinem Bruder Tobias um den Hals und weinte. [8] Auch seine Frau Edna und seine Tochter Sara weinten. [9] Er schlachtete einen Widder von der Herde, und man bereitete ihnen einen herzlichen Empfang.

Man wusch und badete sich und setzte sich zu Tisch. Dann sprach Tobias zu Rafael: „Bruder Asarja, bitte doch Raguel, mir meine Schwester Sara als Frau zu geben." [10] Raguel hörte diese Worte und sprach zu dem Jüngling: „Iß und trink und sei fröhlich! Denn dir allein, Bruder, steht es zu, Sara, meine Tochter, zur Frau zu nehmen. Ebenso bin auch ich nicht frei, sie einem anderen zu geben, da du ihr nächster Verwandter bist. Doch will ich dir die Wahrheit sagen. [11] Siebenmal habe ich versucht, für sie einen Mann unter unseren Brüdern zu finden, doch sobald sie bei ihr eintraten, starben sie in derselben Nacht. Doch für jetzt, Kind, iß und trink, der Herr wird euch seine Gnade und seinen Frieden gewähren." Tobias sprach: „Ich will nichts von Essen und Trinken hören, solange du nicht mir gegenüber entschieden hast." Raguel antwortete: „Nun denn; da sie nach den Bestimmungen im Gesetz des Mose dir gegeben ist, bestimmt es der Himmel, daß es dir gegeben wird. Ich vertraue also dir deine Schwester an. Von nun an bist du ihr Bruder, und sie ist deine Schwester. Sie ist dir gegeben von heute an für immer. Der Herr des Himmels sei euch diesen Abend gnädig, Kind, und schenke euch seine Gnade und seinen Frieden." [12] Dann rief Raguel seine Tochter Sara, nahm ihre Hand und übergab sie dem Tobias zur Frau. Er sprach: „Ich vertraue sie dir an; Gesetz und Bestimmung im Buche des Mose weisen sie dir als Frau zu. Nimm sie, und führe sie reinen Gewissens zu deinem Vater! Der Gott des Himmels verleihe euch, in Frieden zu reisen." [13] Dann wandte er sich an die Mutter und ließ sie ein Blatt zum Schreiben holen. Er setzte den Heiratsvertrag auf, durch den er Tobias seine Tochter zur Frau gab, entsprechend der Bestimmung im Gesetz des Mose.

[14] Danach begannen sie, zu essen und zu trinken. [15] Raguel rief seine Frau Edna und sprach zu ihr: „Schwester, richte die zweite Kammer her, und führe sie hinein!" [16] Sie ging, das Bett der Kammer herzurichten, wie er befohlen hatte, und führte ihre Tochter dorthin. Sie weinte über sie, dann trocknete sie ihre Tränen und sprach: [17] „Mut, mein Kind! Der Herr des Himmels gebe dir Freude statt dieser deiner Trauer! Mut, Tochter!" Dann ging sie hinaus.

8 Nach Beendigung des Mahles sprachen sie davon, zur Ruhe zu gehen, und sie führten den Jüngling vom Eßraum zur Kammer. [2] Da erinnerte sich Tobias an die Worte Rafaels, nahm seinen Reisesack, holte Herz und Leber des Fisches hervor und legte sie auf die Räucherkohle. [3] Der Rauch vom Fisch belästigte den Dämon, so daß dieser durch die Luft bis nach Ägypten entfloh. Rafael verfolgte ihn, fesselte und erdrosselte ihn auf der Stelle.

[4] Als die Eltern unterdessen hinausgegangen waren und die Tür geschlossen hatten, erhob sich Tobias vom Lager und sprach zu Sara: „Steh auf, Schwester! Beten wir beide gemeinsam, und flehen wir zu unserem Herrn, um seine Gnade und Hilfe zu erlangen." [5] Sie erhob sich, und sie begannen zu beten, daß sie behütet würden, und er fing also an: „Gepriesen seist du, Gott unserer Väter! Gepriesen sei dein Name von Ewigkeit zu Ewigkeit! Preisen sollen dich die Himmel und all deine Geschöpfe in alle Ewigkeit! [6] Du hast Adam geschaffen und ihm als treue Hilfe sein Weib Eva gegeben. Aus ihnen stammt das Menschengeschlecht. Du sprachst: ‚Es ist nicht gut, daß der Mensch allein ist. Wir wollen ihm eine Gehilfin machen, die ihm gleich ist!' [7] Jetzt aber, Herr, nicht aus unreiner Begierde nehme ich meine Schwester, sondern in lauterer Gesinnung. Befiehl, daß ich Erbarmen finde und mit ihr alt werde!" [8] Sie sprachen ge-

meinsam: „Amen, Amen!" [9] Dann schliefen sie die Nacht zusammen.

Raguel erhob sich, rief seine Knechte, diese kamen und halfen ihm, ein Grab zu graben. [19] Er dachte: „Vielleicht stirbt auch dieser, und wir würden mit Schimpf und Schande bedeckt!" [11] Als das Grab fertig war, ging Raguel wieder in sein Haus, rief seine Frau [12] und sprach zu ihr: „Schick eine von den Mägden in die Kammer, daß sie nachschaue, ob er noch lebt; wenn nicht, daß wir ihn begraben und niemand etwas erfährt!" [13] Man holte die Magd, zündete die Lampe an, öffnete die Tür, die Magd trat ein und fand alle beide schlafend in einem tiefen Schlaf. [14] Dann ging sie hinaus und sagte ihnen ganz leise: „Er ist nicht tot, alles ist in Ordnung." [15] Da pries Raguel den Gott des Himmels und sprach: „Gepriesen seist du, Gott, in jedem reinen Preislied! Gepriesen seist du in alle Ewigkeit! [16] Gepriesen bist du, da du mich erfreut hast und mir nicht geschah, wie ich vermutet hatte; sondern nach deinem großen Erbarmen verfuhrst du mit uns. [17] Gepriesen bist du, daß du dich der beiden einzigen Kinder erbarmt hast! Erweise ihnen, Herr, Erbarmen und Schutz! Vollende ihr Leben in Freude und Erbarmen!" [18] Nun befahl er den Dienern, das Grab vor Morgengrauen zuzuwerfen.

[19] Er ließ seine Frau einen Ofen voll Brot backen, dann ging er zur Herde, suchte zwei Ochsen und vier Schafe aus, übergab sie der Küche, und man begann die Vorbereitungen. [20] Er ließ Tobias kommen und erklärte ihm: „Vierzehn Tage lang darfst du nicht von hier fort. Bleibe, wo du bist, bei mir, und iß und trink! Meiner Tochter sollst du nach allem ihrem Leid wieder Freude schenken. [21] Danach nimm die Hälfte von allem, was ich habe, und kehre unbehindert zu deinem Vater zurück. Wenn wir, meine Frau und ich, gestorben sind, sollt ihr die andere Hälfte erhalten. Mut, mein Junge! Ich bin dein Vater, und Edna ist deine Mutter. Wir

sind von nun an deine Eltern, so wie wir die Eltern deiner Schwester sind. Mut, mein Kind!"

9 Tobias rief Rafael und sprach zu ihm: [2] „Bruder Asarja, nimm vier Diener und zwei Kamele mit dir und reise nach Rages. [3] Geh zu Gabael, gib ihm die Empfangsbestätigung und nimm das Geld an dich; schließlich lade ihn ein, mit dir zu meiner Hochzeit zu kommen. [4] Du weißt, mein Vater zählt die Tage, und wenn ich lange ausbleibe, wird er sich sehr ängstigen. [5] Du siehst auch, wie sehr sich Raguel verpflichtet; durch seinen Eid bin ich gebunden." Da reiste Rafael mit den vier Dienern und den zwei Kamelen nach Rages in Medien. Sie übernachteten bei Gabael, und er zeigte ihm die Empfangsbestätigung vor. Er teilte ihm die Heirat des Tobias, des Sohnes Tobits, mit und dessen Einladung zur Hochzeit. Gabael zählte ihm die Säcke, deren Siegel unverletzt waren, vor, und sie luden sie auf die Kamele. [6] In der Frühe brachen sie zusammen zur Hochzeit auf. Sie kamen bei Raguel an und fanden Tobias beim Mahl. Er erhob sich und begrüßte ihn, Gabael weinte und segnete ihn mit diesen Worten: „Edler Sohn eines vollkommenen, gerechten und wohltätigen Vaters! Der Herr segne dich mit dem Segen des Himmels, dich und deine Frau, den Vater und die Mutter deiner Frau! Gepriesen sei Gott, der mich schauen ließ das lebendige Abbild meines Vetters Tobit!"

10 Unterdessen zählte Tobit täglich die Reisetage, die für die Hin- und Rückreise erforderlich waren. Sie waren abgelaufen, ohne daß der Sohn erschienen wäre. [2] Da dachte er: „Vielleicht sind sie dort unten abgewiesen worden! Vielleicht ist Gabael gestorben, und keiner ist da, der ihm das Geld gibt!" [3] Und er begann sich zu ängstigen.

⁴Seine Frau Hanna sprach: „Mein Kind ist tot! Es ist nicht mehr unter den Lebenden!" Und sie begann, um ihren Sohn zu weinen und zu klagen. Sie sprach: ⁵„Ach, Kind, daß ich dich ziehen ließ, das Licht meiner Augen!" ⁶ Tobit aber erwiderte: „Sei still, Schwester! Mach dir keine Sorgen, es geht ihm gut! Es wird ihnen dort unten etwas dazwischengekommen sein. Sein Reisegefährte ist zuverlässig, einer von unseren Brüdern. Sei nicht bekümmert, Schwester; er kann jeden Augenblick kommen." ⁶Doch sie antwortete: „Laß, versuch mich nicht zu täuschen! Mein Kind ist tot!" Täglich ging sie hinaus, an dem Weg zu wachen, auf dem ihr Sohn fortgegangen war. Niemandem glaubte sie mehr. War die Sonne untergegangen, kehrte sie heim, um die ganze Nacht hindurch zu weinen und zu klagen, und konnte nicht schlafen. Tagsüber aß sie kein Brot, des Nachts aber hörte sie nicht auf, ihren Sohn Tobias zu beweinen.

Als die vierzehn Tage der Hochzeit vorüber waren, die Raguel zu Ehren seiner Tochter zu veranstalten geschworen hatte, sprach Tobias zu Raguel: „Entlasse mich! Denn mein Vater und meine Mutter haben sonst keine Hoffnung mehr, mich wiederzusehen. Auch bitte ich dich, Vater, laß mich zu meinem Vater zurückkehren; ich erklärte dir ja, in welchem Zustand ich ihn verließ." ⁸Raguel sprach zu Tobias: „Bleibe bei mir, mein Sohn! Ich will jemand zu deinem Vater Tobit senden, daß man ihm über dich Nachricht gebe!" ⁹Tobias aber drängte: „Nein, vielmehr entlasse mich zu meinem Vater!" ¹⁰Da stand Raguel auf und übergab ihm seine Frau Sara und die Hälfte seines Vermögens: Knechte und Mägde, Ochsen und Schafe, Esel und Kamele, Kleider, Geld und Hausgerät. ¹¹So ließ er sie zufrieden ziehen. Für Tobias sprach er diese Worte zum Abschied: „Gute Gesundheit, mein Kind, und glückliche Fahrt! Der Herr des Himmels sei euch gnädig, dir und deiner Frau Sara! Hoffentlich sehe ich noch eure Kinder, bevor ich sterbe!" ¹²Zu seiner

Tochter Sara sprach er: „Geh zu deinem Schwiegervater! Sie sind jetzt deine Eltern, wie die, die dir das Leben schenkten. Geh hin in Frieden! Laß mich gute Kunde über dich vernehmen, solange ich lebe." Dann küßte er sie und verabschiedete sie.

Edna sprach zu Tobias: „Sohn und lieber Bruder, der Herr bringe dich zurück und gewähre mir so lange zu leben, daß ich vor meinem Tod eure Kinder sehe, von dir und meiner Tochter Sara. Vor dem Antlitz des Herrn übergebe ich dir meine Tochter als ein anvertrautes Gut. Betrübe sie nicht, solange du lebst. Geh hin in Frieden, mein Sohn! Von nun an bin ich deine Mutter, und Sara ist deine Schwester. Möchten wir doch alle so glücklich leben alle Tage unseres Lebens!" Sie umarmte alle beide und ließ sie voll Freude ziehen. [13] Zufrieden reiste Tobias von Raguel ab. Fröhlich pries er den Herrn des Himmels und der Erde und den König des Alls für den glücklichen Erfolg seiner Reise. Er segnete auch Raguel und seine Frau Edna: „Möchte ich das Glück haben, euch zu ehren alle Tage meines Lebens!"

11 Sie gingen hin, bis in die Nähe von Kaserin, gegenüber von Ninive, kamen. Da sprach Rafael: [2] „Weißt du nicht, wie du deinen Vater zurückgelassen hast? [3] Wir wollen deiner Gattin vorauseilen und das Haus einrichten, während sie mit den anderen nachkommt." [4] Sie gingen beide zusammen, (er hatte ihm aber geraten, die Galle mitzunehmen,) und der Hund folgte ihnen. [5] Hanna saß da und hielt auf dem Wege Ausschau nach ihrem Kinde. [6] Da sah sie ihn kommen und sprach zu seinem Vater: „Siehe, dein Sohn kommt und der Mann, der mit ihm gereist ist!"

[7] Rafael sprach zu Tobias, bevor er noch seinen Vater erreichte: „Ich weiß, daß dein Vater die Augen wieder öffnen wird. [8] Du streiche die Fischgalle auf seine Augen. Die Arz-

nei wird beißen und ihm von den Augen ein weißes Häutchen ablösen. Da wird dein Vater sehen und Licht schauen können." [9] Die Mutter lief herbei und fiel ihrem Sohn um den Hals und sprach zu ihm: „Ich habe dich wiedergesehen, nun kann ich sterben!" Und sie weinte. [10] Tobit erhob sich und stieß an, vermochte aber durch die Hoftür zu gehen. Da lief Tobias zu ihm, [11] (in der Hand trug er die Fischgalle.) Er hauchte auf seine Augen, hielt ihn und sprach: „Mut, Vater!" Dann strich er die Arznei auf, ließ sie einige Zeit wirken [12] und entfernte schließlich mit jeder Hand ein Häutchen aus den Augenwinkeln. [13] Da fiel ihm sein Vater um den Hals. [14] Er weinte und rief: „Ich sehe dich, mein Sohn, Licht meiner Augen!" Und er sprach: „Gepriesen sei Gott! Gepriesen sei sein gewaltiger Name! Gepriesen seien alle seine heiligen Engel! Gepriesen sei sein gewaltiger Name in alle Ewigkeit! [15] Denn er hat mich gezüchtigt und sich meiner erbarmt. Siehe, ich schaue meinen Sohn Tobias." Tobias trat in das Haus ein und pries voller Freude Gott mit lauter Stimme. Dann erzählte er alles seinem Vater, wie seine Reise gut verlaufen sei und er das Geld mitbringe; wie er Sara, die Tochter Raguels, geheiratet habe; bald käme auch sie, schon sei sie den Toren Ninives nahe.

[16] Da ging Tobit zum Tor von Ninive hinaus seiner Schwiegertochter entgegen voller Freude und Gott lobend. Die Leute von Ninive, die ihn ohne Führer gehen sahen, daß er wie früher in eigener Kraft ausschreiten konnte, wunderten sich. [17] Tobit bekannte vor ihnen, daß Gott sich seiner erbarmt und ihm die Augen geöffnet habe. Als Tobit sich seiner Schwiegertochter Sara näherte, segnete er sie und sprach: „Sei willkommen, Tochter! Gepriesen sei Gott, der dich zu uns geführt hat, Tochter! Gepriesen sei dein Vater und mein Sohn Tobias, und gepriesen seist du, Tochter! Sei willkommen in deinem Hause, in Freude und Lobpreis! Tritt ein, Tochter!" An jenem Tage wurde ein Fest für alle

Juden von Ninive gefeiert, [18] und auch seine Vettern Achikar und Nadab kamen, um teilzunehmen an der Freude Tobits.

12 Am Ende der Hochzeit rief Tobit seinen Sohn Tobias und sprach zu ihm: „Kind, bemühe dich um den Lohn für den Mann, der mit dir gereist ist! Man muß ihm auch etwas hinzugeben." [3] Er antwortete ihm: „Vater, wieviel soll ich ihm für seine Dienste geben? Ich schade mir nicht, wenn ich ihm die Hälfte von dem gebe, was ich mitgebracht habe. [3] Er hat mich gesund und sicher heimgebracht, meine Frau geheilt, das Geld mir geholt und dich gleichfalls geheilt. Was könnte ich ihm dafür geben?" [4] Da sprach der Alte: „Mit Recht verdient er die Hälfte von dem, was er herbrachte." [5] Da rief Tobias seinen Reisegefährten und sprach zu ihm: „Nimm die Hälfte von allem, was du herbrachtest, als Lohn für deine Dienste und geh hin in Frieden!"

[6] Da nahm Rafael die beiden beiseite und sprach zu ihnen: „Preiset Gott, und dankt ihm vor allen Lebewesen für das, was er an euch getan hat! Preiset und singt seinen Namen! Verkündet allen Menschen Gottes Werke, wie es ihnen gebührt, und zögert nicht, ihm zu danken! [7] Es gehört sich, des Königs Geheimnis zu wahren, Gottes Werke aber zu offenbaren und zu verkünden, ist wohlgetan. Tuet Gutes, und das Böse wird euch nicht treffen. [8] Besser ist Gebet mit Fasten und Almosen mit Gerechtigkeit als Reichtum mit Unrecht. Besser ist es, Almosen zu geben als Gold aufzuhäufen. [9] Denn Almosen errettet vom Tode und befreit von jeder Sünde. Die Almosen spenden, werden ein langes Leben besitzen. [10] Die aber sündigen und Böses tun, sind Feinde ihres eigenen Lebens.

[11] Ich will euch die ganze Wahrheit sagen und nichts mehr

vor euch verbergen! Ich sagte ja, es gehöre sich, des Königs Geheimnis zu wahren, Gottes Werke aber zu offenbaren, sei wohlgetan. ¹²Wisset also: als ihr gebetet habt, du und Sara, brachte ich eure Bitten vor die Herrlichkeit des Herrn und las sie vor; ebenso, als du die Toten begrubst. ¹³Als du nicht zaudertest, aufzustehen und deine Mahlzeit zu verlassen, um hinzugehen, den Toten zu bestatten, ward ich gesandt, um deinen Glauben zu erproben. ¹⁴Nun sandte mich Gott, dich und deine Schwiegertochter Sara zu heilen. ¹⁵Ich bin Rafael, einer von den sieben Engeln, die allezeit bereitstehen, vor die Herrlichkeit des Herrn hinzutreten." ¹⁶Da erschraken die beiden und fielen aufs Angesicht nieder, weil sie sich fürchteten. ¹⁷Er sprach zu ihnen: „Fürchtet euch nicht! Friede sei mit euch! Gott aber preist in Ewigkeit! ¹⁸Denn nicht aus persönlicher Güte, sondern nach dem Willen unseres Gottes bin ich gekommen. Darum preist ihn alle Tage, denn ihm gebührt der Lobgesang. ¹⁹Ihr meintet, mich essen zu sehen, aber ihr schautet nur eine Erscheinung. ²⁰Nun preiset den Herrn auf Erden. Denn ich steige zu dem auf, der mich gesandt hat. Schreibt alles auf, was geschehen ist." Und er erhob sich. ²¹Als sie aufstanden, sahen sie ihn nicht mehr. Sie priesen Gott mit Lobgesängen und dankten ihm, der solche Wunder gewirkt: ein Engel des Herrn war erschienen.

13 Und er sprach:
„Gepriesen sei der lebendige Gott,
denn seine Herrschaft währet in Ewigkeit!

²Denn er ist es, der straft und sich erbarmt,
zur Unterwelt hinab und aus dem Verderben wieder aufwärts führt;
und niemand ist, der seiner Hand entrinnt.

³ Preist ihn, ihr Söhne Israels, vor den Heidenvölkern!
Denn er hat zerstreut uns unter sie.

⁴ Dort kündet seine Majestät, erhebet ihn vor allen Lebenwesen!
Denn er ist unser Herr und unser Gott,
er selbst ist unser Vater, und er ist Gott in alle Ewigkeit.

⁵ Er straft uns wegen unserer Missetaten,
erbarmt sich dann und sammelt uns aus allen Völkern,
worunter wir zerstreut wurden.

⁶ Wenn ihr euch zu ihm wendet aus eurem ganzen Herzen
und aus ganzer Seele, um vor ihm Wahrheit zu üben,
dann wird er sich zu euch wenden
und sein Angesicht vor euch nicht verhüllen.

Wenn ihr schaut, was er an euch vollbringt,
dann preiset ihn mit eurem ganzen Munde, und danket
dem gerechten Herrn,
erhebt den König der Ewigkeiten!

Ich will ihn preisen im Lande meiner Verbannung,
verkünden seine Macht und Größe einem Volk von Sündern!
Bekehret euch, ihr Sünder, übt Gerechtigkeit vor ihm!
Wer weiß, ob er euch nicht gnädig sein will und euch Barmherzigkeit erzeigt?

⁷ Ich will erheben meinen Gott,
und meine Seele freut sich im König des Himmels!
Seine Größe ⁸ sei auf allen Lippen, und preisen soll man ihn in
Jerusalem.

⁹ Jerusalem, du heilige Stadt! Ob deiner Hände Taten straft er dich,
und wieder wird er sich der Söhne der Gerechten erbarmen.

[10] Preise den Herrn, wie es sich geziemt,
und danke dem König der Ewigkeiten,
damit von neuem dir sein Zelt in Freude aufgebaut werde!

Die Gefangenen wird er in dir erfreuen
und Liebe den Bedrängten in dir erweisen für alle Geschlechter auf immer.

[11] Ein lebendiges Licht wird erleuchten alle Gegenden der Erde.

Von ferne kommen viele Völker, von allen Enden der Erde,
um zu wohnen beim heiligen Namen Gottes, des Herrn;
Geschenke halten sie in Händen, Gaben für den König des Himmels,
Geschlechter auf Geschlechter weihen Jubellieder dir;
und der Name des Auserwählten wird bleiben
in allen Geschlechtern, die kommen.

[12] Verflucht sei, wer dich verhöhnt, verflucht sei, wer dich zerstört,
deine Mauern stürzt, deine Türme einreißt, deine Häuser niederbrennt!
Ewig gepriesen sei, wer dich aufbaut!

[13] Dann freu dich und jauchze über die Söhne der Gerechten,
denn sie werden versammelt und preisen den Herrn der Ewigkeiten.

[14] Glückselig, die dich lieben! Sie werden sich in deinem Frieden freuen!
Glückselig, die ob aller deiner Schläge trauerten!
Denn sie werden sich in dir erfreuen
beim Anblick deines künftigen Glücks.
[15] Es preise meine Seele Gott, den großen König!

[16] Denn Jerusalem wird wiedererbaut und sein Haus für alle Zeiten.
Welch Glück, wenn einer meines Geschlechts dann noch lebt,
um deine Herrlichkeit zu schauen und den König des Himmels zu preisen.

Jerusalems Tore werden erbaut mit Saphir und Smaragd,
mit Edelsteinen deine Mauern;
Jerusalems Türme werden erbaut in Gold und ihre Mauern in Feingold.

[17] Jerusalems Straßen werden belegt mit Rubinen und Ofirsteinen;
Jerusalems Tore hallen wider von Jubelgesängen,
und alle ihre Häuser werden sprechen:

Halleluja! Gepriesen sei der Gott Israels!
In dir preise man den heiligen Namen in alle Ewigkeit!"

[18] So beendete Tobit sein Loblied.

14 Tobit starb im Frieden, hundertundzwölf Jahre alt, und wurde in Ninive ehrenvoll begraben. [2] Er war achtundfünfzig Jahre alt, als er blind wurde; nach seiner Heilung lebte er in reicher Fülle, gab Almosen und hörte nicht auf, Gott zu loben und seine Größe zu preisen. [3] Als er ans Sterben kam, rief er seinen Sohn Tobias und gab ihm seine Weisungen: „Kind, nimm deine Söhne! [4] Ziehe fort nach Medien, denn ich glaube fest an Gottes Wort, das Nahum über Ninive gesprochen hat. Alles wird eintreffen und sich erfüllen von dem, was die Propheten Israels, die Gott gesandt hat, gegen Assyrien und gegen Ninive verkündet haben; keines ihrer Worte wird beiseite geschafft. Alles wird eintreten zu seiner Zeit. Dann wird man in Medien sicherer sein als in Assyrien und Babylonien. Denn ich weiß es und glaube es: alles, was Gott gesprochen, wird eintreffen und geschehen, und kein Wort der Verheißungen läßt er zu Boden fallen.

Unsere Brüder, die im Lande Israel wohnen, werden alle gezählt und weggeführt, fern ihrer schönen Heimat. Der ganze Boden Israels wird verwüstet, Samaria und Jerusalem werden zur Wüste, und das Haus Gottes wird (eine Zeitlang) wüst und niedergebrannt sein. 5 Dann wird sich Gott wieder ihrer erbarmen und sie in das Land Israel zurückführen. Sie werden sein Haus wiedererbauen, weniger schön als das erste, bis die Zeiten erfüllt sind. Dann aber werden sie alle, die heimgekehrt sind aus der Gefangenschaft, Jerusalem wiedererbauen in Herrlichkeit, und darin wird Gottes Haus wieder erbaut, wie es die Propheten Israels verkündet haben. 6 Alle Völker der ganzen Erde werden sich bekehren und Gott in Wahrheit fürchten. Alle werden sie ihre falschen Götter verstoßen, die sie in die Irre geführt haben. 7 Und sie werden den Gott der Ewigkeiten in Gerechtigkeit preisen. Alle Israeliten, die für jene Tage verschont sind, werden Gottes gedenken in Lauterkeit. Sie werden kommen und sich in Jerusalem sammeln und von nun an das Land Abrahams bewohnen in Sicherheit, und es wird ihr Eigen sein. Und jene, die Gott in Wahrheit lieben, werden sich freuen, jene aber, die Sünde und Ungerechtigkeit verüben, werden von der Erde verschwinden. 8 Und nun, Kinder, mache ich euch zur Pflicht: Dienet Gott in Wahrheit und tut, was ihm wohlgefällt! Legt euren Kindern die Verpflichtung auf, Gerechtigkeit zu tun und Almosen zu geben, Gottes zu gedenken und seinen Namen allezeit zu preisen in Wahrheit und aus ihrer ganzen Kraft!

9 Also, mein Sohn, verlasse Ninive und bleibe nicht hier! 10 Hast du deine Mutter neben mir begraben, dann brich

noch am selben Tage auf, was für ein Tag es auch sei, und bleibe nicht länger in diesem Land, denn ich sehe darin Untreue und Gottlosigkeit herrschen. Kind, sieh, was Nadab seinem Pflegevater Achikar antat. Wurde er nicht gezwungen, lebendig unter die Erde hinabzusteigen? Gott aber zahlte dem Verbrecher die Untat vor den Augen seines Opfers heim, denn Achikar gelangte wieder ans Licht, während Nadab zur Strafe für seinen Anschlag aufs Leben des Achikar einging in die ewige Finsternis. Wegen seiner guten Werke entging Achikar der tödlichen Schlinge, die Nadab ihm gelegt hatte, und Nadab verfing sich darin und ging zugrunde. [11] Seht also, Kinder, wohin das Almosen führt und wohin die Gottlosigkeit, nämlich zum Tode. Aber nun geht mein Odem zu Ende." Sie breiteten ihn auf dem Lager aus, er starb und wurde in Ehren begraben.

[12] Als die Mutter starb, begrub Tobias sie neben dem Vater. Dann brach er mit seiner Frau und seinen Kindern nach Medien auf. Er wohnte in Ekbatana bei Raguel, seinem Schwiegervater. [13] Er umgab das Alter seiner Schwiegereltern mit ehrfürchtiger Sorge, dann begrub er sie zu Ekbatana in Medien. Tobias erbte das Vermögen Raguels sowie das seines Vaters Tobit. [14] Er lebte ehrenvoll bis zum Alter von hundertundsiebzehn Jahren. [15] Vor seinem Tode wurde er noch Zeuge des Untergangs von Ninive. Er sah, wie die Niniviten und von Kyaxares, dem König von Medien, gefangengenommen und nach Medien weggeführt wurden. Er pries Gott für alles, was er über die Niniviten und die Assyrer verhängte. Vor seinem Tode konnte er sich freuen über das Los Ninives und den Herrn preisen von Ewigkeit zu Ewigkeit. Amen.

Anmerkungen

[1] Methodisch ist deshalb eine Auslegung verlangt, die von der historisch-kritischen Fragestellung grundlegend abweicht. Es genügt nicht, zu konstatieren: „Das Buch bietet natürlich nicht wirkliche Geschichte. Als Historiker aufzutreten, lag gar nicht in der Absicht seines Verfassers"; M. Löhr: Das Buch Tobit, in: E. Kautzsch: Die Apokryphen und Pseudepigraphen des Alten Testamentes, 2 Bde., 1. Bd.: Die Apokryphen des Alten Testamentes (1900), Darmstadt 1962, 136; es kommt vielmehr darauf an, der *Wahrheit der Aussageform* einer Legende selber gerecht zu werden. Dazu gehört vor allem, daß die einseitig rationale Frage nach der subjektiven Aussageabsicht des Verfassers fallen gelassen werden muß. Für diese mag gelten, daß „der Zweck, den er verfolgte, war, seine Glaubensgenossen zu ermahnen und zu erbauen durch den Gedanken, daß der Fromme, der seine Frömmigkeit, d. i. hier das genaue Einhalten der sittlichen und nicht zum wenigsten der rituellen Gebote Gottes, im Unglück und unter den Heiden bewährt, von Gott wunderbar geleitet und mit reichem Lohn bedacht wird." (A.a.O., 136) Aber gerade das Buch „Tobit" zeigt, wie die gute Absicht selber auf tragische Weise an sich selber scheitern kann, und es lebt von Ahnungen und Erfahrungen, die es mit rationalen Mitteln und in verstandesmäßigen Kategorien nicht aussagen kann. Eben weil das, was es zu sagen hat, sich nicht in reflexer, lehrhafter Sprache mitteilen läßt und seine Wahrheit mehr im Unbewußten als im Bewußtsein angesiedelt ist, bedarf es und bedient es sich der symbolischen Ausdrucksform legendärer und märchenhafter Motive. Deren Sinn läßt sich nicht durch historische, sondern nur durch tiefenpsychologische Fragestellungen ermitteln. Die Notwendigkeit symbolistischer Deutungsverfahren in der Exegese ist dabei gerade am Buch „Tobit" von altersher empfunden worden; vgl. dazu die sehr lohnende auslegungsgeschichtliche Untersuchung von J. Gamberoni: Die Ausle-

gung des Buches Tobias in der griechisch-lateinischen Kirche der
Antike und der Christenheit des Westens bis zum Jahr 1600,
München 1969.

In tiefenpsychologischer Auslegung wird man sogar sehen, daß die
Verstandeseinseitigkeit und der Moralismus der Frömmigkeit allererst die seelischen Gefahren schafft, deren Heilung das Büchlein „Tobit" beschreiben will.

[2] In den Bildmotiven legendärer oder märchennaher Erzählungen liegt die überzeitliche Gültigkeit ihrer Aussage begründet.
Wie auch sonst in Märchen und Legenden bietet sich auch im
Buch „Tobit" manches soziologische und psychologische Detail
zu gewissen historischen Rekonstruktionen an. So dürften die
Vorstellungen von Dämonen und Engeln sowie das Ideal des Ge-
setzestreuen nebst den Klagen über die pflichtvergessenen Glau-
bensbrüder in das zweite vorchristliche Jahrhundert als Entste-
hungszeit verweisen. Da in Tob 14,5 der unansehnliche Tempel
Serubbabels mit dem künftigen messianischen Tempel vergli-
chen wird, der Verfasser also den herodianischen Tempel noch
nicht kennt, dürfte das Buch „Tobit" zwischen 175–25 v.Chr.
entstanden sein. Der Ort der Abfassung liegt dabei wohl außerhalb Israels und ist vielleicht in Ägypten zu suchen: dorthin
wird der Dämon Aschmodai verbannt, und die Begeisterung für
Jerusalem deutet auf das Diaspora-Judentum hin. Aber indem
der Verfasser selbst fiktiv eine vergangene Zeit an einem entlegenen Ort beschwört, schwebt ihm doch offensichtlich selbst
ein Problem vor, das sich auf keinen Ort und keine Zeit ein-
grenzen läßt. Gerade die märchenhaften Motive seiner Erzählung verlangen nach einer Deutung, die ihre Thematik nicht
historisch begrenzt, sondern als menschheitlich zu erfassen vermag. Nicht wer Tobit *war*, sondern wie und wer er *ist*, bildet die
eigentliche Frage der Auslegung. Nicht eine „Rekonstruktion"
von Fakten und „Aussageabsichten", sondern eine lebendige
Nachdichtung, die keine Einzelheit der Erzählung als nebensäch-
lich beiseite stellt, wird von einer Erzählung wie dem Buch „Tobit" verlangt.

[3] Es führt für die Auslegung der spezifisch *legendären* Züge und
ihrer psychologischen Bedeutung im Grunde auch nicht sehr viel
weiter, wenn man traditionsgeschichtlich in dem Buch „Tobit"
drei verschiedene Überarbeitungen einer Grundschaft mit je verschiedenen Aussageabsichten zu ermitteln versucht, wie es vor-

bildlich geschieht bei P. Deselaer: Das Buch Tobit. Studien zu seiner Entstehung, Komposition, Theologie (Orbis Biblicus Orientalis 43) Fribourg – Göttingen 1982. Zum Verständnis der einzelnen Erzählmotive und -elemente ist es unerheblich, unter welchen historischen oder literarischen Zufälligkeiten sie faktisch zu der vorliegenden Legende miteinander verbunden wurden. Tiefenpsychologisch ist es ungleich wichtiger zu sehen, wie die einzelnen Erzählmotive sich *von innen her* zu einem organischen Ganzen zusammenfügen und sich wechselseitig bedingen. Nicht die historischen Bedingtheiten literarischer Komposition, sondern die inneren, thematischen Erfordernisse der psychischen Assoziation müssen deshalb bei der Auslegung der „Tobit"-Erzählung als einer Legende vorrangig sein. Infolgedessen ist zugleich von der *Ganzheit* und inneren Einheit der vorliegenden *Erzählung* auszugehen, in der lediglich die nicht-erzählenden Gebetspassagen und paränetischen Teile zu vernachlässigen sind. Für die tiefenpsychologische Interpretation eines Märchens oder einer Legende sind desgleichen die verschiedenen Variationen und Traditionen eines Themas nicht miteinander konkurrierende Fassungen, sondern komplementäre Auffassungen eines Problems, das in den verschiedenen Bearbeitungsversuchen seinen an sich unerschöpflichen Gehalt so umfänglich wie möglich darzustellen trachtet. So wie der Traum einer Nacht meist aus sehr unterschiedlichen Zeiten verschiedene Erinnerungsreste zu einer Erzähleinheit zusammenfügt, die in verschiedenen Varianten stets um ein und dasselbe Ausgangsproblem kreist, so ist auch eine Legende oder ein Märchen wie die „Tobit"-Erzählung unerachtet ihrer literargeschichtlich bedingten „Bausteine" als eine organische Einheit auszulegen, die einen zentralen Konflikt auf dem einzigen Weg zu lösen versucht, der dazu bereit steht: auf dem Wege *symbolischen* Sprechens. Nur im Rahmen einer symbolistischen Auffassung des Textes kann man der *Wahrheit der Form* einer Erzählung als eines Märchens, eines Mythos, einer Legende oder eines Traums gerecht werden.

[4] Bei der Auslegung märchenhafter oder märchennaher Erzählungen steht die *Regel der Einfühlung* ganz oben an. Es gilt, nicht nur zu untersuchen, *was* an einzelnen Fakten mitgeteilt wird, sondern vor allem zu reflektieren, was die jeweils mitgeteilten Tatbestände für die handelnden Personen selbst bedeuten, warum sie sich gerade so und nicht anders verhalten, weshalb sie etwas auf gerade

diese Weise an gerade dieser Stelle sagen oder tun, was sie in Sprechen und Handeln damit über sich selbst aussagen und mitteilen.

So wie man in der Gesprächspsychotherapie die Rede eines Klienten nur dann glaubt verstehen zu können, wenn man statt der mitgeteilten Fakten die implizit mitgesagte Gefühlsbedeutung herausarbeitet (vgl. J. SCHWERMER: Psychologische Hilfen für das Seelsorgegespräch, München 1974, 41–43), so wird man auch den Text einer Erzählung nur verstehen können, wenn man auf die Gefühle der handelnden Person größeren Wert legt als auf die äußeren Fakten und die jeweiligen Handlungen der wesentlichen Akteure. Das Verfahren der Interpretation ist also das einer *sympathetischen Meditation*. Nur von dieser Stufe der Deutung aus wird auch verständlich, daß die einzelnen Orte und Begebenheiten einer Legende oder eines Märchens zumeist in symbolischer Form die inneren Zustände und psychischen Prozesse innerhalb ein und derselben Person beschreiben. In der folgenden Interpretation werden wir uns daher bemühen müssen, uns nicht nur in die Gestalt von Tobit und Sara einzufühlen, sondern alles, was sie tun und was ihnen begegnet, als notwendigen Teil ihrer Persönlichkeit zu verstehen. Ein gewisses Vorbild für diese Art der Auslegung des Tobit-Büchleins bietet M. LACKMANN: Tobit und Tobias. Ein Buch von Ehe und Liebe, Engel und Dämonen, Krankheit und Medizin, Aschaffenburg 1971, wo vor allem die Situation der Verbannung und der Einsamkeit beschrieben wird (S. 21–29); allerdings erfaßt LACKMANN nicht das psychische Dilemma der „Frömmigkeit" Tobits und Saras; so hält er Tobits Erblindung nur für eine weitere Prüfung Gottes „auch um des Heiles anderer willen" (S. 34), und nimmt auch die Krise zwischen Tobit und Hanna zu oberflächlich; desgleichen faßt er den „Engel" Rafael und den Dämon Aschmodai ohne jede tiefenpsychologische Reflexion personhaft bzw. objektiv-gegenständlich auf (S. 58–60; 101–104).

[5] Zum Begriff der „Korporativpersönlichkeit", in der die Person des Einzelnen mit dem Leben des Stammes verschmilzt bzw. das Leben des Stammes in der Gestalt eines Einzelnen personifiziert wird, vgl. E. DREWERMANN: Strukturen des Bösen. Die jahwistische Urgeschichte in exegetischer, psychoanalytischer und philosophischer Sicht, 3 Bde., Paderborn [3](erw.) 1981, 1. Bd., S. XXVII–XXXIX; bes. E. DREWERMANN: Tiefenpsychologie und Exegese, 2 Bde., Olten – Freiburg 1984–1985, 1. Bd.: Traum, Mythos, Märchen, Sage und Legende, 271–298.

[6] Vgl. Ps 3; 5; 7; 9; 12; 14; 17; 26; 35; 36; 37; 53; 54; 55; 56; 57; 58; 59; 64; 69; 73; u. ö.

[7] M. BUBER: Weisheit und Tat der Frauen (1929), in: Werke, 3 Bde., 2. Bd.: Schriften zur Bibel, München – Heidelberg 1964, 923.

[8] Nach alter Vorstellung endet die Macht eines Gottes an der Grenze seines Kultes; außerhalb des Landes, in dem der Gott verehrt wird, ist buchstäblich „gottloses" Land; vgl. Ri 11,23 f.; 2 Kön 3,27; 1 Sam 26,19 f.; 2 Kön 5,17; vgl. E. DREWERMANN: Strukturen des Bösen 1, 140.

[9] Sein Schicksal ist wie eine Travestie zu Ps 1,3 und Jer 17,8.

[10] Mit *anima* ist das Gegenbild zu der Berufs- und Pflichtenmaske der männlichen Persönlichkeit gemeint; in der *anima* leben all die Seelenregungen, die bei der Anpassung des Ichs an die Außenwelt mitsamt den Forderungen des Überich nicht zum Bewußtsein zugelassen wurden. Vgl. C. G. JUNG; Psychologische Typen (1921), in: Ges. Werke VI, Olten – Freiburg 1960, 506–510; DERS.: Die Beziehungen zwischen dem Ich und dem Unbewußten (1928), in: ebd. VII, Olten – Freiburg 1964, 207–232. In Märchen, Mythen, Legenden und Träumen erscheint die anima eines besonders erfolgreichen und rechtlichen Mannes zumeist als eine minderwertige, zänkische Frau oder, noch öfter, als ein verzaubertes, besessenes, jedenfalls erlösungsbedürftiges Mädchen. In Tobits Frau Hanna zeigt sich (ähnlich wie in Ijobs Frau, Ijob 2,9) ein gewisser Pragmatismus, der den frommen Absichten des Mannes entgegensteht; vollends aber in Sara finden sich die ebenso parallelen wie dunklen Züge, die dem Bild der anima entsprechen. Vgl. u. Anm. 14.

[11] Die *Erblindung* Tobits ist, ebenso wie bei den Blinden im Neuen Testament, gewiß als psychosomatisches Symptom zu verstehen. Zu dem Hintergrund psychogener Sehstörungen vgl. K. ABRAHAM: Über Einschränkungen und Umwandlungen der Schaulust bei den Psychoneurotikern nebst Bemerkungen über analoge Erscheinungen in der Völkerpsychologie (1914), in: Psychoanalytische Studien zur Charakterbildung und andere Schriften, Frankfurt a. M. 1969, hrsg. v. J. CREMERIUS, S. 324–382; S. FREUD: Die psychogene Sehstörung in psychoanalytischer Auffassung (1910), in: Ges. Werke VIII, London 1943, 94–102. Während die Psychoanalyse die Sehstörung aus der Verdrängung vorwiegend sexueller Triebregungen zu verstehen sucht, geht es Tobit eher um eine Ausblendung der gesamten ekelerregenden äu-

ßeren Wirklichkeit. Ein noch angstbesetzterer Charakter als Tobit wäre vermutlich in eine Psychose geraten und hätte an die Stelle der Blindheit die paranoische Furcht, von allen verfolgt und angeblickt zu werden, ausgebildet.

[12] Zum *Symbol des Vogels* im Märchen vgl. E. DREWERMANN – I. NEUHAUS: Der goldene Vogel (Grimms Märchen tiefenpsychologisch gedeutet, Bd. 2), Olten – Freiburg 1982, Anm. 13; DIES.: Schneeweißchen und Rosenrot (Grimms Märchen tiefenpsychologisch gedeutet, Bd. 4), Olten – Freiburg 1983, Anm. 65.

[13] Den psychologischen Begriff dieses Zustandes hat S. KIERKEGAARD: Die Krankheit zum Tode (1849), übers. v. L. RICHTER, Hamburg (rk 113) 1962 als *Verzweiflung* bestimmt, die er als ein Mißverhältnis zu sich selbst aufgrund eines Mißverhältnisses zu Gott definierte bzw. die er als *Sünde* betrachtete, wenn man sich ihrer vor Gott bewußt werde. Zum Zusammenhang von Verzweiflung und Sünde vgl. E. DREWERMANN: Sünde und Neurose (1980), in: Psychoanalyse und Moraltheologie, 1. Bd.: Angst und Schuld, Mainz 1982, 128–132.

[14] In *subjektaler* Deutung ist Sara in ihrer Verzweiflung das Seelenbild des verzweifelten Tobit, dessen buchstäblich „uneinsichtige" und seelenlos gewordene Frömmigkeit eine maßlose und ungeheure Sehnsucht nach Liebe bei gleichzeitig vollkommener Liebesunfähigkeit erweckt.

[15] Die *Gleichzeitigkeit* weist traumsymbolisch stets auf einen logischen Zusammenhang hin; S. FREUD: Die Traumdeutung (1900), in: Ges. Werke II–III, London 1942, 319; in der Tat ist in subjektaler Deutung Tobits Frömmigkeit die logische Ursache für Saras Verzweiflung.

[16] Ein ähnliches Schicksal erleidet in Gen 38, 1–11 Tamar, an deren Seite nacheinander die Juda-Söhne Er und Onan sterben; eine Heirat seines dritten Sohnes Schela verweigert Juda aus Furcht, auch dieser könne durch Tamar umkommen. Aber anders als die fromme und verzweifelte Sara wagt Tamar alles und verführt, als Hure verkleidet, ihren Schwiegervater Juda, von dem sie die Zwillinge Perez und Serach empfängt. – Der tödliche bzw. männermordende Charakter in Saras Liebe entstammt deutlich dem Teufelskreis einer moralisch erzwungenen Kälte und einem reaktiv übermäßigen Liebesverlangen.

[17] Die *Vorstellung von der fressenden Frau* entstammt der oralsadistischen Phase der Libidoentwicklung. „Die Hexe, der diese Stre-

bungen zugeschrieben werden, ist die fressende phallische Mutter der symbiotischen Phase." P. Parin – F. Morgenthaler – G. Parin-Matthèy: Fürchte deinen Nächsten wie dich selbst. Psychoanalyse und Gesellschaft am Modell der Agni in Westafrika (1971), Frankfurt (stw 235) 1978, 309. Eine strukturalistische Deutung der Hexengestalt, die entsprechend der projizierten oralen Gier als eine alte Frau mit hängenden, leeren Brüsten dargestellt wird, versucht B. Bucher: Die Phantasien der Eroberer. Zur graphischen Repräsentation des Kannibalismus in de Brys *America*, in: K. H. Kohl (Hrsg.): Mythen der Neuen Welt. Zur Entdeckungsgeschichte Lateinamerikas, Berlin 1982, 75–81.

[18] Mit „*Elektrakomplex*" ist das weibliche Gegenstück zum männlichen Ödipuskomplex gemeint; obwohl Elektra in der Sage zwar mit Hilfe ihres Bruders Orest ihre Mutter Klytaimnestra tötet, um die Ermordung ihres Vaters Agamemnon zu rächen, wird das entscheidende Inzestmotiv in der Elektrasage aber nur noch in der Bruderbeziehung angedeutet. In der Geschichte der Sara fällt auf, daß der Vater eine ganz beherrschende, die Mutter hingegen gar keine Rolle spielt; von daher ließe sich an eine „magische Tötung" der Mutter denken. Der böse Geist Aschmodai ist die negative Seite der Vaterimago. K. Moser: Psychologie der Partnerwahl, Bern – Stuttgart 1957, 69–70, Anm. 90; zur Gestalt des Teufels im Märchen als Vaterimago vgl. E. Drewermann: Der Teufel im Märchen, in: Archiv für Religionspsychologie 15 (1982) 106 ff.; E. Drewermann – I. Neuhaus: Das Mädchen ohne Hände (Grimms Märchen tiefenpsychologisch gedeutet, Bd. 1), Olten – Freiburg 1981, 44, Anm. 19; 45, Anm. 23.

[19] Vom subjektiven Erleben her will ein Mann wie Raguel natürlich nur das Beste für seine Tochter. Aber gerade mit seiner fesselnden und einengenden Angstliebe erreicht er nur, daß jeder Schritt Saras zu Selbständigkeit und reifender Liebe als Frau mit schweren Schuldgefühlen verfolgt wird – eine Dialektik der Überfürsorge, die ans Tragische grenzt.

[20] Jede *Selbstmordhandlung* setzt sich aus drei Elementen zusammen: „das Element des Sterbens, das des Tötens und das des Getötetwerdens." K. Menninger: Man against himself (1938), dt.: Selbstzerstörung, Psychoanalyse des Selbstmords, Frankfurt (stw 249) 1978, 38. Der Wunsch, getötet zu werden, ist stets eine „Umkehrung des Tötungsmotivs" (65). Sara steht immer wieder in der Wahl, entweder ihre Freundschaft der Vaterliebe zu opfern oder

die Vaterbindung gegen die Freundschaft einzutauschen; sie mußte bislang immer wieder ihre Liebe dem Geist *„Aschmodai“*, dem Diktat ihrer verinnerlichten Vatergestalt, opfern; um zur Liebe fähig zu werden, müßte sie innerlich ihren Vater „töten“; aber davor schaudert sie zurück, und aus Angst und Schuldgefühl richtet sie den inneren Tötungswunsch gegen sich selbst. Zum Problem des Selbstmords vgl. E. DREWERMANN: Vom Problem des Selbstmords oder von einer letzten Gnade der Natur, in: Psychoanalyse und Moraltheologie, 3 Bde., Mainz 1982–1984, 3. Bd.: An den Grenzen des Lebens, 98–173.

[21] Die psychische Bedeutung der parallelen Gestalten von Tobit und Sara begreift man nur, wenn man sie *subjektal* als Verkörperungen bestimmter seelischer Kräfte in ein und derselben Person versteht; s. o. Anm. 14; 15.

[22] So z. B. in dem Grimmschen Märchen „Das Wasser des Lebens“ (Kinder- und Hausmärchen [KHM] 97) und ähnlich in dem Märchen „Der goldene Vogel“ (KHM 57). Vgl. dazu E. DREWERMANN – I. NEUHAUS: Der goldene Vogel, Anm. 6; 7.

[23] In dem *„Sohn“* sind die Ichkräfte repräsentiert, die vom Bewußtsein aus den Weg ins Unbewußte suchen. In den Märchen sind es zumeist *drei* Söhne, von denen einzig der Dritte aufgrund seiner Bescheidenheit oder scheinbaren Minderwertigkeit über die Fähigkeit verfügt, sich in den Gefahren des Unbewußten auf dem Weg zur Erlösung der anima-Jungfrau zurechtzufinden. E. DREWERMANN – I. NEUHAUS: Der goldene Vogel, Anm. 17; 18; 19.

[24] Mit *Selbst* “ ist in der Tiefenpsychologie die „Einheit und Ganzheit der Gesamtpersönlichkeit“ gemeint; vgl. C. G. JUNG: Psychologische Typen (1921), in: Ges. Werke VI, Olten – Freiburg 1960, 512. Das Symbol der Vereinigung von Bewußtsein und Unbewußtem ist in den Märchen und Mythen das klassische Bild der Heiligen Hochzeit.

[25] Ähnlich ist in den Märchen das Bild des kranken oder in Not geratenen *Königs*; vgl. E. DREWERMANN – I. NEUHAUS: Der goldene Vogel, Anm. 6; 7; 8; 9.

[26] So deutete die alte naturmythologische Schule die Erzählungen von der Befreiung der von einem Drachen oder Ungeheuer geraubten Jungfrau; E. SIECKE: Drachenkämpfe. Untersuchungen zur indogermanischen Sagenkunde, Leipzig 1907, 8–9. Auch die Legende von *Georg*, der bei der Stadt Silena die Tochter des Stadt-

königs rettet, erinnert an alte Mondmythologie. Vgl. E. Drewermann: Strukturen des Bösen 2, 79.

[27] So z. B. in der Mythe der Persephone, die beim Spielen mit Blumen von dem Todesgott Hades in die Unterwelt geraubt wurde. Vgl. K. Kerényi: Die Mythologie der Griechen, 2 Bde., München (dtv 1345–46) 1966, 1. Bd.: Die Götter- und Menschheitsgeschichten, 182–190. Zum Aufbau derartiger Erzählungen vgl. E. Drewermann: Tiefenpsychologie und Exegese (s. o. Anm. 5), 1. Bd., 198.

[28] Die Ambivalenz des Unbewußten verlangt nach einem Bezugspunkt des Vertrauens jenseits der psychologischen Widersprüche. Während in der Gnosis die psychische Entwicklung mitsamt ihren Gegensätzen metaphysiziert wurde, war es das Anliegen des Christentums, im Erbe des Alten Testamentes die absolute Transzendenz Gottes zu betonen und zugleich die archetypischen Bilder der Erlösung aufzugreifen. Vgl. bzgl. der Ambivalenz des Unbewußten z. B. die Analyse der Sintflutmythe bei E. Drewermann: Strukturen des Bösen 2, 426–430.

[29] In diesem absoluten Sinne ist auch die Gestalt des Engels Rafael eine theologisch berechtigte Beschreibung göttlicher Wirklichkeit.

[30] So sieht man z. B. in dem Märchen vom „Goldenen Vogel" (KHM 57) die ersten beiden „Söhne" des „Königs" auf der Suche nach dem „Vogel", dem Symbol der „Seele", für Jahre hin in einem Wirtshaus in Saus und Braus dahinleben, alles andere um sich her vergessend; vgl. E. Drewermann – I. Neuhaus: Der goldene Vogel, 39–42.

[31] Wenn Tobias symbolisch als „Ichkraft" des Bewußtseins (des „Vaters" Tobit) zu verstehen ist, so ist es psychologisch erstaunlich, wie wenig der „Sohn" sich von seinem „Vater" unterscheidet und dennoch bei der Suchwanderung nach der verlorenen Jungfrau erfolgreich ist. Tatsächlich ist „Tobit" gegenüber den progressiven Tendenzen der Libido von Anfang an sehr aufgeschlossen, wie sich bereits bei der Aussendung zeigt; und vor allem in dem entscheidenden Augenblick, bei der Begegnung zwischen „Tobias" und „Sara", kann sich der Engel Rafael darauf berufen, daß Tobias selbst zum Glück seines Vaters beiträgt, wenn er den Schritt zur Liebe wagt. In gewissem Sinne spaltet sich das väterliche Ich an dieser Stelle noch einmal zwischen „Tobit" und „Raguel" auf, dessen dämonischer Einfluß auf „Sara" überdeutlich ist; s. o. Anm. 17; 18.

[32] Der schwer zu erreichende „Schatz", den es in der Ferne zu er-
werben gilt, oder die verborgene Kostbarkeit bezeichnet in den
Märchen und Mythen stets den absoluten Wert der Bewußtwer-
dung, der Herausbildung des Selbst, die in der religiösen Sprache
des Neuen Testamentes identisch ist mit der Erfahrung der Got-
tesherrschaft; vgl. Mt 13,44–45; Offb 21,21. Zu der Beziehung
von „Selbst" und „Gott" vgl. C. G. JUNG: Psychologie und Religion
(1940), in: Ges. Werke XI, Olten – Freiburg 1963, 89; E. DREWER-
MANN: Strukturen des Bösen 2,26–38.

[33] Stets gibt es in den Märchen und Mythen jenseits des königlichen Palastes oder des heimatlichen Landes einen unheimlichen
„Wald", ein entlegenes „Schloß", eine terra incognita jenseits des
„Meeres" oder der „Wüste", in der die „Jungfrau" inmitten uner-
meßlicher Reichtümer wohnt. Tiefenpsychologisch manifestiert
sich darin der Gegensatz von Bewußtsein und Unbewußtem. Vgl.
z.B. E. DREWERMANN – I. NEUHAUS: Der goldene Vogel,
Anm. 36.

[34] Es ist möglich, dogmatisch die Frage nach der *Existenz von Engeln* affirmativ zu beantworten, wie es am ausführlichsten noch
J. BRINKTRINE: Die Lehre von der Schöpfung, Paderborn 1956,
87–203 zu tun versucht hat. Aber etwas ganz anderes ist die Frage
nach der *Erscheinung* von „Engeln" in der menschlichen Psyche.
Psychologisch muß gelten, daß *alle* Erscheinungen, gleichgültig,
ob ein Gott, ein Teufel, eine Muttergottes, eine Hexe oder wer
auch immer zur Erscheinung gelangt, als Teile bzw. als autonome
Komplexe der menschlichen Psyche zu verstehen sind. Eine Ver-
wechslung der psychologischen mit der metaphysischen Ebene
der Betrachtung liefe auf einen gnostischen Standpunkt hinaus
und wäre ebenso „mythisch" und unwissenschaftlich wie die Iden-
tifikation Gottes mit bestimmten äußeren Naturkräften. M. a. W.:
Gott donnert nicht und er „erscheint" auch nicht; aber es mag
theologisch sinnvoll sein, *hinter* den Wirkungen der Naturkausa-
lität bestimmte geistige Mächte zu statuieren, durch deren Voraussetzung der Mechanismus der inneren wie äußeren Natur
sinnvoller zu interpretieren ist; s. o. Anm. 4; E. DREWERMANN:
Der Teufel im Märchen: Archiv für Religionspsychologie 15
(1982) 106ff., 123–128. Psychologisch kann der „Engel" als Wesensbild verstanden werden, dessen Erscheinen selbst in die Freiheit führt, wie es Apg 12,1–19 geschildert wird. In den Märchen
werden die psychischen Phänomene naturgemäß mit den reli-

gionshistorisch gegebenen christlichen Begriffen *interpretiert:* aber diese Interpretation bezeichnet nicht schon in sich selbst eine theologische Erkenntnis.

35 G. POSENER: Dictionnaire de la Civilisation Égyptienne; dt: Lexikon der ägyptischen Kultur, übers. v. J. u. I. v. BECKERATH, Wiesbaden o. J. (1960) 118–119; E. DREWERMANN – I. NEUHAUS: Schneeweißchen und Rosenrot, Anm. 38.

36 So z. B. in Num 22, 21–35, wo die sprechende *Eselin Bileams,* die instinktive Vernunft also, den drohenden Gottesengel weit früher erkennt als der törichte Bileam, der den Hochmut und die Angst des Bewußtseins gegenüber dem fremd eindringenden Gottesvolk verkörpert. Zu dem sprechenden Fuchs in dem Grimmschen Märchen vom „Goldenen Vogel" (KHM 57) vgl. E. DREWERMANN – I. NEUHAUS: Der goldene Vogel, Anm. 23; 24; 25; 26.

37 Der ägyptische Gott *Anubis (Inpw)* galt vor dem Siegeszug des Osiris als der große Totengott und Weggeleiter ins Reich der Unterwelt, das tiefenpsychologisch dem Unbewußten entspricht. Vgl. V. IONS: Egyptian Mythology, London 1968, dt.: Ägyptische Mythologie, übers. v. I. SCHLECHTA, Wiesbaden 1968, 79–82.

38 Die „*Mutter*" des Tobias steht hier nicht nur als Verkörperung der weiblichen, behütenden Seelenstrebungen, sondern sie verkörpert auch die regressiven Züge der Libido, die dem „inzestuösen" Streben der Psychoanalyse S. FREUDS entsprechen. Vgl. C. G. JUNG: Versuch einer Darstellung der psychoanalytischen Theorie (1913), in: Ges. Werke IV, Olten – Freiburg 1969, 202. Zum Zusammenhang von „Inzest", „Regression" und „Regeneration" vgl. am Beispiel der jahwistischen Sündenfallerzählung E. DREWERMANN: Strukturen des Bösen 2, 124–139.

39 Die *Notwendigkeit der Loslösung* geht so weit, daß Jesus in Lk 9, 61 sogar ausdrücklich den Abschied von den Eltern verbietet. Ähnlich wird in dem Grimmschen Märchen vom „Goldenen Vogel" (KHM 57) die „Hochzeit" mit der „Jungfrau" ernstlich gefährdet, weil der Königssohn gegen das ausdrückliche Verbot des „Fuchses" doch noch dem Mädchen gestattet, sich von den Eltern zu verabschieden. E. DREWERMANN – I. NEUHAUS: Der goldene Vogel, 47; 62–63, Anm. 55. Die Angst vor der Ablösung von der Mutter beschreibt am Beispiel des Märchens von der „Gänsemagd" (KHM 89) sehr schön V. KAST: Wege aus Angst und Symbiose. Märchen psychologisch gedeutet, Olten – Freiburg 1982, 39–63. Zu den moralischen Problemen der Loslösung von den El-

tern vgl. E. Drewermann: Von der Unmoral der Psychotherapie – oder von der Notwendigkeit einer Suspension des Ethischen im Religiösen, in: Psychoanalyse und Moraltheologie 1, 79–104.

[40] Zu den naturmythologischen Motiven vom Erblinden, Eintauchen oder Verschlungenwerden vgl. E. Drewermann: Strukturen des Bösen 2, 132; 365–366; E. Drewermann – I. Neuhaus: Frau Holle (Grimms Märchen tiefenpsychologisch gedeutet, Bd. 3), Olten – Freiburg 1982, 22; 23; 24. Klassischerweise ist es des Sonnengottes Macht, die Blindheit zu überwinden, wie in der ägyptischen Mythologie Haroeris: vgl. A. Stettler: Der Instrumentenschrank von Kom Ombo: Antike Welt 13 (1982) Heft 3, 50–51.

[41] So z. B. in der Geschichte von Naaman, dem Syrer, 2 Kön 5, der nach allen möglichen vergeblichen Anstrengungen lernen muß, daß er nur „rein" zu werden vermag, wenn er sich auf das ganze „Einfache" einläßt – auf das Bad im Jordan.

[42] Zum Symbol des *„Fisches"* vgl. E. Drewermann – I. Neuhaus: Schneeweißchen und Rosenrot, Anm. 63. Vgl. C. G. Jung: Aion. Beiträge zur Symbolik des Selbst (1951), in: Ges. Werke IX 2, Olten – Freiburg 1976, 163–164. Erhellend ist die symbolische Bedeutung des Fisches in der Malerei von Max Beckmann; vgl. S. Lackner: Max Beckmann, Köln 1979, 100; 106, bes. das Bild: „Reise auf Fischen" aus dem Jahre 1934 (Santa Barbara).

[43] Die *Schlange* ist dabei, jenseits der zahlreichen naturmythologischen und den Fruchtbarkeitskulten entlehnten Bedeutungen, vor allem das Wesen, das *Angst* verbreitet; vgl. in bezug zu Gen 3, 1 E. Drewermann: Strukturen des Bösen 1, LXXIV–LXXVI; LXXIX–LXXXIII.

[44] Die *Angst*, die jede neue Entwicklungsphase mit sich bringt, verlangt nach einem Vertrauen, das vorweg die Kraft verleiht, die jeweilige Krise zu bestehen; dazu gehört sowohl die Macht der inneren Wesensgestalt wie auch die äußere Begleitung eines Menschen, der Vertrauen in die Richtigkeit der eigenen Person schenkt und ermöglicht; „Engel" und „Priester" sind diese Mittler zu Gott als dem absoluten Bezugspunkt allen menschlichen Vertrauens auf dem Wege zu sich selbst.

[45] Zu den entsprechenden Vorstellungen der Wiedergeburt im Sinne einer magischen, durch Geschlechtsverkehr vermittelten Geburt bzw. eines Aufenthaltes im Wasserpurgatorium bereits im Paläolithikum vgl. M. Raphael: Wiedergeburtsmagie in der Alt-

steinzeit. Zur Geschichte der Religion und religiöser Symbole, hrsg. v. S. Chesney und I. Hirschfeld, Frankfurt (Fischer Tb. 3600) 1979, 22–54. Zu dem verschlingenden Aspekt der Mutter und den Initiationsriten vgl. E. Neumann: Die Große Mutter. Eine Phänomenologie der weiblichen Gestaltungen des Bewußtseins, Olten – Freiburg 1974, 147–168; 274–277.

[46] Zur *Unterscheidung von Mut und Vertrauen* gegenüber der fundamentalen Angst des Daseins meinte M. Boss: Lebensangst, Schuldgefühle und psychotherapeutische Befreiung, Bern – Stuttgart 1962, 40: „Mut ist nur, wo immer noch Angst mächtig ist"; allein „wo Liebe, Geborgenheit und Vertrauen walten, kann alle Angst schwinden."

[47] KHM 197. – E. Drewermann – I. Neumann: Die Kristallkugel. Grimms Märchen tiefenpsychologisch gedeutet, Bd. 6, Olten – Freiburg 1985. Zur Vorstellung des Drachenkampfes vgl. U. Steffen: Drachenkampf. Der Mythos vom Bösen, Stuttgart 1984, 177–182.

[48] Die psychologische bzw. psychoanalytische Betrachtung einer individuellen Biographie (bzw. eines Märchens oder Mythos) ist in sich selbst methodisch natürlich keine Phänomenologie, sondern eine kausale Ätiologie seelischer Ursachen und Verarbeitungsweisen; die Grundfrage des menschlichen Daseins zwischen Angst und Vertrauen aber eröffnet einen Sinnhintergrund, von dem her die Formen seelischer Erkrankung und Gesundung selber als Erscheinungsweisen einer Grundeinstellung der menschlichen Freiheit zu ihrem Ursprung gedeutet werden müssen, und insofern hat das „Tobit"-Büchlein theologisch bzw. daseinsanalytisch ein gutes Recht, die seelischen Prozesse aus der Stellung des Menschen zu Gott abzuleiten. Die Psychoanalyse wird damit selbst zu einer theologischen Phänomenologie. Vgl. E. Drewermann: Strukturen des Bösen 3, 460–486.

[49] Die *ödipale Mischung aus Mutterbindung und Vaterangst* im Kastrationskomplex ließe sich als ein homosexuelles Syndrom betrachten, in dem vor allem die Furcht vor der Frau und ein gewisser Narzißmus eine große Rolle spielen; vgl. S. Freud: Über einige neurotische Mechanismen bei Eifersucht, Paranoia und Homosexualität (1922), in: Ges. Werke XIII, London 1940, 205.

[50] In der griechischen Mythologie ist Eros „nur ein Name, der lieblichste unter allen Namen, die dieser Gott trug". Er hieß „Protogonos" als der „Erstgeborene" aller Götter; er hieß „Phanes",

weil er, aus dem silbernen Ei der Urmacht als Sohn des Windes hervorgegangen, alles ans Licht brachte, was in dem Ei verborgen lag – die ganze Welt: den Himmel oben, das Chaos unten. „Man erzählte die Geschichte auch so, daß unten im Ei die Erde war und Himmel und Erde sich begatteten. Das war die Wirkung des Gottes, der beide ans Licht brachte und dann zur Vermischung zwang, des Eros. Sie zeugten das Geschwisterpaar Okeanos und Tethys." – K. KERÉNYI: Die Mythologie der Griechen, 2 Bde., 1. Bd.: Die Götter- und Menschheitsgeschichten, München (dtv 1345) 1966, 20. Eros war ursprünglich mithin die Urkraft der Liebe und Verschmelzung, der alle Wesen entstammen und die alle Wesen zur Verbindung miteinander zwingt. Erst im 5. Jahrhundert wird Eros zum Plagegeist für die Liebenden, „denn er verfolgte sie mit Peitsche oder erhobener Sandale, um sie zu verprügeln". Vom 4. vorchristlichen Jahrhundert an erhält Eros als seine bekannteste Waffe den Bogen, und seine Erscheinung wandelt sich: er wird jünger und schließlich im 3. und 2. vorchristlichen Jahrhundert zu dem pausbäckigen römischen Cupido. „Erst später mußte man ihn im Interesse der Glaubwürdigkeit dort, wo er selbst als Liebhaber auftritt, etwas älter zeigen. Bei den übrigen Gelegenheiten erreicht er bei Frauen durch Appell an ihre mütterlichen Instinkte sein Ziel." J. BOARDMAN: Der griechische Eros. Die Liebe in griechischer Kunst und Gesellschaft, in: J. BOARDMAN – E. LA ROCCA: Eros in Griechenland, übers. v. I. NADOLNY, München 1976, 20; 24.

[51] Vgl. z. B. Ch. BAUDELAIRES Gedicht: Die Verwandlungen des Vampirs, in: Die Blumen des Bösen (1857), in: Ausgewählte Werke, hrsg. v. F. BLEI, übers. v. T. ROBINSON, München o. J., 248–249.

[52] Zu dem Fluch Jahwes über die menschliche Liebe nach dem „Sündenfall" vgl. E. DREWERMANN: Strukturen des Bösen 1, 90–91; 389–396.

[53] Vgl. E. DREWERMANN: Ehe – tiefenpsychologische Erkenntnisse für Dogmatik und Moraltheologie, in: Psychoanalyse und Moraltheologie, 3 Bde., Mainz 1982–1984, Bd. 2: Wege und Umwege der Liebe, 38–76.

[54] Zur Dynamik und Auflösung der „Übertragungsliebe" s. o. Anm. 53.

[55] Vgl. S. FREUD: Die Zukunft einer Illusion (1927), in: Ges. Werke XIV, London 1948, 342–346.

[56] So z. B. in „Dornröschen" (KHM 50) oder in der „Kristallkugel" (KHM 197), in: „Die zwei Brüder" (KHM 60) u. ö.; vgl. E. DREWERMANN – I. NEUHAUS: Die Kristallkugel (s. o. Anm. 47) 44–48.

[57] Zu dem Motiv der *„Preisjungfrau"* und seiner Bedeutung in der Religionsgeschichte vgl. E. DREWERMANN: Strukturen des Bösen 2, 430–434.

[58] Im *Ägyptischen* z. B. heißt das Wort für „Weihrauch" *(śntr)* wörtlich „das, was zu Gott macht" (kausativ). Vgl. A. ERMAN: Ägyptische Grammatik mit Schrifttafeln, Literatur, Lesestücken und Wörterverzeichnis, Berlin 1894, 67–68; 63*. Zum Gebrauch des Weihrauchs bei Geisterbeschwörungen in *Mesopotamien* vgl. H. ZIMMERN: Beiträg zur Kenntnis der babylonischen Religion. Die Beschwörungstafeln Šurpu. Ritualtafeln für den Wahrsager, Beschwörer und Sänger, Leipzig 1901, 127–129.

[59] Das Bild von der *„Schwester Braut"* entstammt der ägyptischen Liebeslyrik. Vgl. die Bilder im Grab des *Sennefer,* des Aufsehers über die königlichen Gärten unter Thutmosis III. *Sn – nfr* heißt „der schöne Bruder", seine Gemahlin heißt *śntf – mrjtf* – „seine geliebte Schwester". Vgl. die Abbildung bei V. IONS: Egyptian Mythology, 132. Ähnliche Wendungen in Hld 4, 12–16.

[60] Stets sind in Mythen, Märchen und Legenden die einzelnen Momente der Erzählung im Sinne einer *Zeitrafferaufnahme* zusammengezogen, indem im Leben der Menschheit Jahrtausende, im Leben des Volkes Jahrhunderte, im Leben des Einzelnen Jahrzehnte in einem einzigen Bild verdichtet werden. Vgl. E. DREWERMANN: Tiefenpsychologie und Exegese, 1. Bd. (s. o. Anm. 5) 218–230.

[61] Zum Bild der *Heiligen Hochzeit* vgl. E. DREWERMANN: Strukturen des Bösen 2, 332–354.

[62] Das (göttliche) *Kind* (Tochter, Sohn), das aus der „Heiligen Hochzeit", der Verschmelzung von Bewußtsein und Unbewußtem hervorgeht, ist ein Bild für das Selbst; vgl. C. G. JUNG: Zur Psychologie des Kindarchetypus (1940, zus. mit K. KERÉNYI: Das göttliche Kind); in: Ges. Werke IX 1, Olten – Freiburg 1976, 163–195. Vgl. P. SCHWARZENAU: Das göttliche Kind. Der Mythos vom Neubeginn, Stuttgart 1984, 8–13.

[63] Vgl. E. DREWERMANN: Zum Verhältnis von Psychotherapie und Seelsorge (1981), in: Psychoanalyse und Moraltheologie 1, 163–178.

Verzeichnis der zitierten Literatur

1. Zur Auslegung des Tobit-Buches

P. Deselaer: Das Buch Tobit. Studien zu seiner Entstehung, Komposition, Theologie (Orbis Biblicus Orientalis 43), Fribourg – Göttingen 1982.

J. Gamberoni: Die Auslegung des Buches Tobias in der griechisch-lateinischen Kirche der Antike und der Christenheit des Westens bis zum Jahre 1600, München 1969.

M. Lackmann: Tobit und Tobias. Ein Buch von Ehe und Liebe, Engel und Dämonen, Krankheit und Medizin, Aschaffenburg 1971.

M. Löhr: Das Buch Tobit, in: E. Kautzsch, Die Apokryphen und Pseudepigraphen des Alten Testamentes, 2 Bde., 1. Bd.: Die Apogryphen des Alten Testamentes (1900), Darmstadt 1962, 135–147.

2. Übrige Literatur

K. Abraham: Über Einschränkungen und Umwandlungen der Schaulust bei den Psychoneurotikern nebst Bemerkungen über analoge Erscheinungen in der Völkerpsychologie (1914), in: Psychoanalytische Studien zur Charakterbildung und andere Schriften, hrsg. v. J. Cremerius, Frankfurt a. M. 1969, 324–382.

Ch. Baudelaire: Die Verwandlungen des Vampirs, in: Die Blumen des Bösen (1857), in: Ausgewählte Werke, hrsg. v. F. Blei, übertr. v. T. Robinson, München o. J., 248 f.

J. Boardman: Der griechische Eros. Die Liebe in griechischer Kunst und Gesellschaft, in: J. Boardman – E. La Rocca: Eros in Griechenland, übers. v. J. Nadolny, München 1976.

M. Boss: Lebensangst, Schuldgefühle und psychotherapeutische Befreiung, Bern – Stuttgart 1962.

J. Brinktrine: Die Lehre von der Schöpfung, Paderborn 1956.

M. Buber: Weisheit und Tat der Frauen (1929), in: Werke, 3 Bde., 2. Bd.: Schriften zur Bibel, München – Heidelberg 1964, 917–923.

B. Bucher: Die Phantasien der Eroberer. Zur graphischen Repräsentation des Kannibalismus in de Brys *America*, in: K. H. Kohl (Hrsg.): Mythen der Neuen Welt. Zur Entdeckungsgeschichte Lateinamerikas, Berlin 1982, 75–81.

E. Drewermann: Strukturen des Bösen. Die jahwistische Urgeschichte in exegetischer, psychoanalytischer und philosophischer Sicht.

1. Bd.: Die jahwistische Urgeschichte in exegetischer Sicht, Paderborn [1]1977; [2]1979 erw. durch ein Vorwort: Zur Ergänzungsbedürftigkeit der historisch-kritischen Exegese; [3]1981 erg. durch ein Nachwort: Von dem Geschenk des Lebens oder das Welt- und Menschenbild der Paradieserzählung des Jahwisten (Gen 2,4b–25), 356–413.

2. Bd.: Die jahwistische Urgeschichte in psychoanalytischer Sicht, Paderborn [1]1977; [2]1980 erw. durch ein Vorw.: Tiefenpsychologie als anthropologische Wissenschaft; [3]1981: Neudruck der 2. Aufl.

3. Bd.: Die jahwistische Urgeschichte in philosophischer Sicht, Paderborn [1]1978, [2]1980 erw. durch ein Vorw.: Das Ende des ethischen Optimismus; [3]1982: Neudruck der 2. Aufl.

E. Drewermann: Der tödliche Fortschritt. Von der Zerstörung der Erde und des Menschen im Erbe des Chrsitentums, Regensburg [3](erw.) 1983.

E. Drewermann: Der Krieg und das Christentum. Von der Ohnmacht und Notwendigkeit des Religiösen, Regensburg 1982.

E. Drewermann: Das Tragische und das Christliche. Von der Anerkennung des Tragischen oder: gegen eine gewisse Art von Pelagianismus im Christentum (Veröffentlichungen der Kath. Akad. Schwerte, Nr. 5, hrsg. v. G. Krems), Schwerte 1981; Neudruck in: Psychoanalyse und Moraltheologie; 3 Bde., Mainz 1982–1984; 1. Bd. Angst und Schuld 19–78.

E. Drewermann: Psychoanalyse und Moraltheologie, 3 Bde., Mainz 1982–1984; 1. Bd.: Angst und Schuld; 2. Bd.: Wege und Umwege der Liebe; 3. Bd.: An den Grenzen des Lebens.

E. Drewermann: Tiefenpsychologie und Exegese. 2 Bde., Olten – Freiburg 1984–1985; 1. Bd.: Die Wahrheit der Formen. Von Traum, Mythos, Märchen, Sage und Legende: 2. Bd.: Die Wahrheit der Werke und Worte.

E. Drewermann: Der Teufel im Märchen, in: Archiv für Religionspsychologie 15 (1982) 93–128.

E. Drewermann – Ingritt Neuhaus: Das Mädchen ohne Hände. Grimms Märchen tiefenpsychologisch gedeutet, Bd. 1, Olten – Freiburg 1981.

E. Drewermann – Ingritt Neuhaus: Der goldene Vogel. Grimms Märchen tiefenpsychologisch gedeutet, Bd. 2, Olten – Freiburg 1982.

E. Drewermann – Ingritt Neuhaus: Frau Holle. Grimms Märchen tiefenpsychologisch gedeutet, Bd. 3 Olten – Freiburg 1982.

E. Drewermann – Ingritt Neuhaus: Schneeweißchen und Rosenrot. Grimms Märchen tiefenpsychologisch gedeutet, Bd. 4, Olten – Freiburg 1983.

E. Drewermann – Ingritt Neuhaus: Die Kristallkugel. Grimms Märchen tiefenpsychologisch gedeutet, Bd. 6, Olten – Freiburg 1985.

A. Ermann: Ägyptische Grammatik mit Schrifttafeln, Literatur, Lesestücken und Wörterverzeichnis, Berlin 1894.

S. Freud: Die psychologische Sehstörung in psychoanalytischer Auffassung (1910), in: Ges. Werke VIII, London 1943, 93–102.

S. Freud: Die Traumdeutung (1900), in: Ges. Werke II–III, London 1942.

S. Freud: Über einige neurotische Mechanismen bei Eifersucht, Paranoia und Homosexualität (1922), in: Ges. Werke XIII, London 1940, 193–207.

S. Freud: Die Zukunft einer Illusion (1927), in: Ges. Werke XIV, London 1948.

V. Ions: Egyptian Mythology, London 1968; dt.: Ägyptische Mythologie, Wiesbaden 1968, übers. v. J. Schlechta.

C. G. Jung: Versuch einer Darstellung der psychoanalytischen Theorie (1913), in: Ges. Werke IV, Olten – Freiburg 1969, 107–255.

C. G. Jung: Psychologische Typen (1921), in: Ges. Werke VI, Olten – Freiburg 1960.

C. G. Jung: Die Beziehungen zwischen dem Ich und dem Unbewußten (1928), in: Ges. Werke VII, Olten – Freiburg 1964, 131–264.

C. G. Jung: Zur Psychologie des Kindarchetypus (1940), in: Ges. Werke IX 1, Olten – Freiburg 1976, 163–195.

C. G. Jung: Aion, Beiträge zur Symbolik des Selbst (1951), in: Ges. Werke IX 2, Olten – Freiburg 1976.

C. G. Jung: Psychologie und Religion (1940), in Ges. Werke XI, Olten – Freiburg 1963, 1–117.

K. Kerényi: Die Mythologie der Griechen, 2 Bde., 1. Bd.: Die Götter- und Menschheitsgeschichten, München 1966.

K. Kerényi – C. G. Jung: Das göttliche Kind in mythologischer und psychologischer Beleuchtung, Amsterdam – Leipzig (Albae Vigiliae VI–VII) 1940.

S. Kierkegaard: Die Krankheit zum Tode. Eine christliche psychologische Entwicklung zur Erbauung und Erweckung, von Anti-Climacus (Kopenhagen 1849); dt. in: Kierkegaards Werke in 5 Bänden, in neuer Übertragung und mit Kommentar versehen von L. Richter, Bd. 4, Hamburg (rk 113) 1962.

S. Lackner: Max Beckmann, Köln 1979.

K. Menninger: Man against himself (1938); dt.: Selbstzerstörung. Psychoanalyse des Selbstmords, Frankfurt a. M. 1978.

K. Moser: Psychologie der Partnerwahl, Bern – Stuttgart 1957.

E. Neumann: Die Große Mutter. Eine Phänomenologie der weiblichen Gestaltungen des Unbewußten, Olten – Freiburg 1974.

P. Parin – F. Morgenthaler – G. Parrin-Matthèy: Fürchte deinen Nächsten wie dich selbst. Psychoanalyse und Gesellschaft am Modell der Agni in Westafrika (1971), Frankfurt a. M. 1978.

G. Posener: Dictionnaire de la Civilisation Égyptienne; dt.: Lexikon der ägyptischen Kultur, übers. v. J. u. I. Beckerath, Wiesbaden o. J. (1960).

M. Raphael: Wiedergeburtsmagie in der Altsteinzeit. Zur Geschichte der Religion und religiöser Symbole, hrsg. v. S. Chesney und I. Hirschfeld, Frankfurt a. M. 1979.

P. Schwarzenau: Das göttliche Kind. Der Mythos vom Neubeginn, Stuttgart 1984.

J. Schwermer: Psychologische Hilfen für das Seelsorgegespräch, München 1974.

E. Siecke: Drachenkämpfe. Untersuchungen zur indogermanischen Sagenkunde, Leipzig 1907.

H. Zimmern: Beiträge zur Kenntnis der babylonischen Religion. Die Beschwörungstafeln Šurpu. Ritualtafeln für Wahrsager, Beschwörer und Sänger, Leipzig 1901.

Eugen Drewermann bei Herder/Spektrum

Eugen Drewermann
Die Spirale der Angst
Der Krieg und das Christentum
Mit vier Reden gegen den Krieg am Golf
Band 4003

Angst ist der Motor menschlicher Aggressivität und Allmachtsphantasien.
Drewermann zeigt, wie die positive Kraft der Liebe die Angst besiegen
kann. Ein Buch für eine neue Qualität des Zusammenlebens in Politik,
Gesellschaft und Religion.

Eugen Drewermann
Der tödliche Fortschritt
Von der Zerstörung der Erde und des Menschen im Erbe des
Christentums
Band 4032

Ein aktuelles, brillantes Buch, das zum engagierten Mitdenken
herausfordert und beweist: Zur Bewältigung unserer Krise bedarf es nicht
eines vordergründigen Umweltschutzes, sondern eines neuen
Menschenbildes, das den Menschen als Teil der Natur begreift.

Eugen Drewermann
Das Eigentliche ist unsichtbar
Der Kleine Prinz tiefenpsychologisch gedeutet
Band 4068

Ist es der ewige Traum verlorener Kindheit, der Saint-Exupérys Kleinen
Prinzen so faszinierend macht?
„Wir müssen versuchen, seine Botschaft zu verstehen, und wir werden zu
prüfen haben, inwieweit sie trägt" (Eugen Drewermann über den Kleinen
Prinzen).

HERDER / SPEKTRUM

Eugen Drewermann
Zeiten der Liebe
Herausgegeben und eingeleitet von Karin Walter
Band 4091

Sensibel werden für das Geheimnis des anderen und für die eigenen
Sehnsüchte, die Schatten vertreiben, die das Leben oft verdunkeln:
Drewermanns tiefe und poetische, die Unendlichkeit berührende Texte
lassen Wege entdecken zu einem Leben der Liebe.

Eugen Drewermann
Dein Name ist wie der Geschmack des Lebens
Tiefenpsychologische Deutung der Kindheitsgeschichte nach dem
Lukasevangelium
Band 4113

Drewermann entdeckt einen neuen Zugang zur Kindheitsgeschichte Jesu,
in der die geheimnisvolle Botschaft von der Ankunft Gottes in der Welt
lebendig wird. Er zeigt, wie wir die Entfremdung von Denken und Fühlen,
Bewußtem und Unbewußtem überwinden können.

Eugen Drewermann/Eugen Biser
Welches Credo?
Herausgegeben von Michael Albus
Band 4202

Ein Dialog, der an der Zeit war: Was bleibt am Christentum wirklich
wesentlich? Ein kontroverses, spannendes Buch, das in tiefem Ernst zur
Sache kommt und Antwort gibt auf Fragen, die Menschen heute
umtreiben.

HERDER / SPEKTRUM

Die faszinierende Welt der Religionen

Carl Friedrich von Weizsäcker
Die Sterne sind glühende Gaskugeln und Gott ist gegenwärtig
Über Religion und Naturwissenschaft
Herausgegeben von Thomas Görnitz
Band 4077
Ein Buch, das mit uralten Mißverständnissen aufräumt und einen
radikalen Bewußtseinswandel fordert.

Lexikon der Religionen
Phänomene – Geschichte – Ideen
Herausgegeben von Hans Waldenfels
Begründet von Franz König
Band 4090
„In Fachkompetenz, Klarheit und Aktualität einzigartig" (Süddeutscher
Rundfunk).

Bhagavadgita
Herausgegeben von Sri Aurobindo
Mit einem Nachwort von Anand Nayak
Band 4106
Die älteste heilige Schrift der Menschheit in der tiefschürfenden
Übertragung eines der bedeutendsten indischen Yogis.

Hildegard von Bingen
Scivias – Wisse die Wege
Eine Schau von Gott und Mensch in Schöpfung und Zeit
Band 4115
Das Hauptwerk Hildegards: die faszinierenden, überraschend aktuellen
Visionen einer der modernsten Frauen des Mittelalters.

HERDER / SPEKTRUM

Hartmut Stegemann
Die Essener, Qumran, Johannes der Täufer und Jesus
Ein Sachbuch
Band 4128

Das Geheimnis der Höhlen von Qumran und einer der einflußreichsten religiösen Vereinigungen zur Zeit Jesu.

Hugo M. Enomiya-Lassalle
Der Versenkungsweg
Zen-Meditation und christliche Mystik
Band 4142

In jedem Menschen steckt ein Mystiker – hier vermittelt der große Lehrer fernöstlicher Weisheit die Essenz seiner Erfahrung.

Georg Denzler
Die Geschichte des Zölibats
Band 4146

Das Zölibat – fast schon ein Existenzproblem für die katholische Kirche. Eine kritische Bestandsaufnahme des streitbaren Theologen.

Imam Abd ar-Rahim ibn Ahmad al-Qadi
Das Totenbuch des Islam
Die Lehren des Propheten Mohammed über das Leben nach dem Tode
Band 4150

Die faszinierende Vision eines großen Religionsstifters über die lange Reise der Seele nach dem Tod.

Das Ethos der Weltreligionen
Islam, Hinduismus, Buddhismus, Judentum, Christentum, Konfuzianismus
Herausgegeben von Adel Theodor Khoury
Band 4166

Die Herausforderungen der Gegenwart können nur im Zusammenwirken aller Religionen gemeistert werden. Eine realistische Vision.

HERDER / SPEKTRUM

Literatur, die die Seele streift

José Luis Sampedro
Das etruskische Lächeln
Roman
Band 4022
Erst wenn man wirklich gelebt hat, überdauert das Lächeln auch den Tod. „Eine lesenswerte zeitgemäße Familiensaga!" (Münchner Merkur).

Marie Luise Kaschnitz
Zeiten des Lebens
Herausgegeben und eingeleitet von Ulrike Suhr
Band 4029
„Zum Wiederentdecken und Sicheinlassen auf die leisen unaufdringlichen Töne" (Buch-Journal).

Antoine de Saint-Exupéry
Man sieht nur mit dem Herzen gut
Band 4039
Texte, in denen sich die unsentimentale und daher um so echtere Liebe Saint-Exupérys zum Menschen offenbart.

Dalai Lama
Zeiten des Friedens
Herausgegeben und eingeleitet von Erhard Maier
Band 4065
Ein großer geistiger Führer unserer Zeit gibt der Sehnsucht nach Frieden wichtige spirituelle Impulse.

Käthe Kollwitz
Aus meinem Leben
Ein Testament des Herzens
Mit einer Einführung von Hans Kollwitz
Band 4105
Geschrieben mit weiblichem Instinkt und tiefer Empfindsamkeit. „Ein Testament der Menschlichkeit" (Saturday Review).

HERDER / SPEKTRUM

Barabara Krause
Camille Claudel – ein Leben in Stein
Roman
Band 4111

Sie war ein Genie und zerbrach an der Ignoranz ihrer Zeit. Die
mitreißende Geschichte eines Lebens gegen jede Konvention.

Rudolf Kaiser
Indianischer Sonnengesang
Die Weisheit der Erde in der Spiritualität der Indianer
Band 4143

Die schönsten Zeugnisse indianischer Spiritualität: bewegende Dokumente
einer tiefen Einheit von Mensch und Natur.

Anthony de Mello
Warum der Vogel singt
Weisheitsgeschichten
Band 4149

Wie in einem Brennglas konzentriert: westliche und östliche, antike und
moderne Lebenserfahrungen aus mehr als zwei Jahrtausenden.

Elie Wiesel
Gezeiten des Schweigens
Roman
Band 4154

Michael ist ein Entkommener, einer, der den Wahnsinn des Krieges hinter
sich hat. Er reist zurück in die Stadt seiner Deportation...

Idries Shah
**Die fabelhaften Heldentaten des vollendeten Narren und Meisters
Mulla Nasrudin**
Band 4164

Humorvolle und tiefgründige Geschichten, die den Leser in die
bezaubernde Welt des Orients entführen.

HERDER / SPEKTRUM